PREMIÈRE PARTIE

LE PETIT MANTEAU ROUGE

(Nouvelles)

Table

PRÉFACE

Je suis une cueilleuse d'histoires. Allez aux champignons : il y a une connivence entre vous qui les fréquentez souvent, et eux. C'est vous qui découvrez la blonde girole qui se cache pour les autres dans la blondeur d'une herbe. Mais pour vous, elle est là. Elle vous fait un «signe» : vous reconnaissez alors sa corolle un peu plus pâle, un peu plus dentelée. Elle passe juste ce qu'il faut de sa cornette pour que votre attention s'éveille.

Si vous criez à la cantonade «nouvelles nouvelles» comme si vous cherchiez des couteaux à aiguiser, alors la vie vous fait signe et vous êtes attentif à ces signes que fait la vie. Elle en fait tout le temps, mais personne ne les perçoit : ils sont souvent très discrets, et la vie fait tellement de bruit! Mais vous, vous êtes là et vous écoutez la vie, et vous faites votre miel avec ce qu'elle offre pour vous....

Nouvelles! Nouvelles! Elles sont à vous, lecteur, maintenant!

LE SARCELLOT

On l'appelait le sarcellot. On l'appelait le sarcellot car il imitait, à s'y méprendre, le cri de la sarcelle. Quand le soir tombe sur l'étang de Ternant, rouge, et en un coup l'hiver, ou même aux beaux jours quand le jour n'en finit pas de mourir et que le ciel invente tous les orangés, la sarcelle appelle ; elle craint de se confondre avec la nuit et le grand V d'argent que son sillage dessine avec l'eau retournée retient un moment encore la lumière. Un dernier plongeon de la tête, abandonnant le corps à la surface, pour trouver encore de quoi souper, un dernier retour sur la nappe irisée, dans un bruissement de gouttelettes, et la nuit sera là, absorbant de son ombre cette poule d'eau jusqu'à la lumière de demain.

L'avait-il entendu ce cri de la sarcelle, au bord du canal, en revenant de l'école... Le sarcellot ! On a toujours dit : il n'a pas de chance, le pauvre sarcellot ; et pour les bonnes gens du village, pas de chance, cela veut aussi bien dire que son père est tombé dans l'Aisne en août 1914, ou qu'il lui a manqué un point pour le certificat, ou que sa scarlatine ne voulait pas sortir et qu'il a failli en mourir...

Sans père, sans certificat, sans vraiment une santé, il a abordé la vie, comme les autres et dans le Mâconnais cela veut dire qu'il s'est loué pour travailler à la vigne.

Le drame s'est produit au début des vendanges. Le cuveau était chargé sur la charrette et tous vidaient leurs hottes pleines de raisins. Le travail s'achevant, Adhémar a attelé le cheval en vue du retour. Mais le sarcellot avait encore une hotte à vider. Il s'approche de la charrette, le cheval alors tire vigoureusement l'équipage, le cuveau glisse et vient écraser la poitrine du Sarcellot.

Ses côtes sont brisées, ses poumons enfoncés; il ne vivra pas longtemps ce sarcellot qui n'a jamais eu de chance.

Il vit; il vit mal bien sûr; le cuveau a laissé sa forme dans sa poitrine creuse, comme un moule; le rebouteux lui a dit : tous les jours élève les bras au dessus de l'épaule, et abaisse les, et recommence; cela te donnera même de la force dans les jambes pour marcher.

Comme ces pantins articulés en carton, le sarcellot élevait les bras malgré la douleur; peut être que c'était cela tout de même qui l'aidait à marcher...

Quand à la fin du mois d'août 1939 tous les gars de Ternant ont reçu leur feuille de mobilisation, le Sarcellot qui pouvait aussi bien chanter la Marseillaise qu'imiter le cri de la sarcelle a trouvé que là encore il n'avait pas de chance. Suis-je un rebut? Qu'ai-je fait au Bon Dieu, et vais-je traîner toute ma vie ma pauvre carcasse inutile? Le Bon Dieu! Parlons-en; et toutes ses églises. Eh bien, le Bon Dieu, je lui jure une chose : de ne jamais entrer ni maintenant, ni même au jour de ma mort dans ses putains de chapelles. Il cracha très fort par terre, puis dans l'étang, là où il faisait des ricochets quand il était petit, quand la chance était encore là. Une sarcelle l'appela : il sourit.

Il sourit pour cette marque d'amitié. On a tant besoin d'être aimé en ce monde. Mais peut-être aussi que ce cri de la sarcelle et cet autre cri du sarcellot, une réponse ou un écho, on ne saura jamais, marqueront le tournant de sa vie.

«Pourquoi que j'irai pas les trouver ces messieurs de Mâcon, au centre de recrutement pour moi aussi endosser l'uniforme français, comme les autres!»

Il est reçu là bas, par un militaire derrière une table, avec infiniment de pitié. Mais la pitié, il n'a rien à en foutre...

— Mon pauvre ami, que pouvez-vous faire!... l'armée française...

— L'armée française... elle mange pas? les soldats i bouffent pas...? Alors, on n'a pas besoin de cuisinier?

Et le sarcellot, paré de la tenue militaire comme les autres, tourna, tourna dans les bassines fumantes, éplucha les patates... on avait besoin de lui. Et là, il ne jurait même plus contre Dieu, car il n'avait même plus le temps de penser...

La défaite, il l'a ressentie dans sa chair comme tous les Français; il a fallu reprendre la vie de tous les jours, sous l'occupation allemande

Plusieurs du village se réunissaient, complotaient; le Sarcellot se joignit à eux... Les mois passèrent; notre cuisinier montrait qu'il savait commander; il avait appris l'autorité en distribuant la soupe; tout un groupe maintenant dépendait de lui et, dans la montagne, on se retrouvait; en sourdine le cri de la sarcelle avait remplacé l'indicatif de la BBC. Il fallait démonter des rails, faire sauter un pont, essayer à la mesure de ses moyens de contrecarrer l'occupant.

Un jour d'octobre 1943 notre Sarcellot, entouré de ses hommes, se trouve en lisière de la forêt quand on aperçoit au loin une jeep assez teintée de vert de gris. «Allez les gars, courrez, sauvez-vous dans les bois, cachez-vous... moi; tant pis; s'il faut que je lève mes bras pour faire marcher mes jambes, les nazis croiront que je les appelle. Mais ne craignez rien pour vous. J'ai tout ce qu'il faut sur moi pour ne pas vous dénoncer» : et il tapa sur la poche de sa veste.

Ce jour-là le Sarcellot a eu de la chance; les Allemands l'ont tué. Une balle dans le dos et il est tombé à genoux, une autre dans l'oreille. Le cyanure était inutile...

L'instituteur terminait sa classe : «Rentrez chez vous directement» dit-il aux enfants, après avoir entendu les coups de feu. Puis il partit en direction de la grande Blanche, c'est de là que venait sûrement la fusillade. Le sarcellot était là, la face contre la terre; il perdait son sang par l'oreille; il n'était pas bien lourd; le mieux était de l'enlever au plus vite en évitant de rencontrer la patrouille; l'instituteur la prit dans ses bras puis le posa dans l'entrée de la mairie qui jouxte l'école, et l'allongea sur la dalle.

Quand il revint, accompagné du maire qu'il avait été chercher chez lui, le Sarcellot était décoré : une fleur ornait sa boutonnière, croix de guerre posée là par une main inconnue...

— «On ne peut le laisser là, dit le maire; la mairie est trop près de l'école et les nazis sont capables, furieux, de poser une bombe.» Alors les deux hommes le chargèrent sur une brouette; la tête pendait contre la roue, une jambe cognait le sol; démantelé notre Sarcellot, mais mort comme aurait été un autre mort, un mort normal qui n'aurait pas eu une poitrine concave en forme de cuveau.

«Demain on fera creuser une tombe, mais ce soir...?»

Le convoi croise alors Monsieur le Curé... Il bénit le corps : «Mais, Monsieur le Maire donnez-le moi jusqu'à demain matin. Je vais l'installer dans mon église, entre deux cierges...

Le Sarcellot a passé sa dernière nuit dans la maison de Dieu, ce Dieu qui ne connaît pas la rancune et qui a beaucoup d'humour.

LAGUILLONETTE

Il mendiait. Installé entre les deux portes de St Thomas d'Aquin, au chaud, ni à l'église ni dehors, il pouvait s'adosser à la partie dormante des portes et reposer ainsi son unique jambe puisque l'autre n'était qu'un bout de bois terminé par un rond de caoutchouc. Il en a vu passer du monde, et les pièces jetées d'une main distraite dans sa casquette lui ont permis d'aller trouver ensuite l'euphorie sur le «zinc» d'en face. Une vieille dame, toutefois, a regardé autre chose que la casquette; elle a levé les yeux jusqu'à lui. Elle a vu un homme encore jeune, vigoureux en dépit de sa jambe de bois, et elle s'est adressée à lui.

«Mais du travail, ma bonne dame, il faut en trouver, et un travail où je puisse être assis...»

Le dimanche suivant, la bonne âme qui a contacté les commerçants du quartier, arrive, réjouie.

J'ai votre affaire... le cordonnier de la rue St Guillaume aurait besoin d'un aide éventuel.

Notre homme fait la moue, regarde son pilon de bois... «La cordonnerie, la cordonnerie, vous savez, cela me rappelle de trop vilains souvenirs.»

La bonne âme est déçue. Son plan se désorganise comme un château de cartes surchargé. Alors, quoi, mon brave; qu'est-ce qui vous tenterait?

— Les fleurs...

La bonne âme est interdite; les fleurs, les fleurs bien sûr... mais il faut être positif!

— Les fleurs... en pots, car on peut alors les arroser.

Il faut faire passer le message au milieu d'un quarteron de bigotes qui n'ont pas l'habitude d'associer les fleurs à ce qu'il est convenu d'appeler la charité. On bouscule donc tous les préjugés, on cherche un éventaire, des fleurs, des pots bien entendu et un matin de printemps Laguillonette s'installe devant ses fleurs à la sortie de l'académie Jullian.

Le carton à dessin sous le bras, les artistes sortent, se laissent tenter, en cette lumineuse matinée, par ces taches de couleurs, ces formes, ces tons qui ne se heurtent jamais. Une américaine tend un billet pour ce joli bouquet de roses; cheveux courts au vent, taches de rousseur, elle emporte les roses et refuse la monnaie. Laguillonette n'est pas un homme à accepter cela maintenant qu'il travaille; il lui remet un pot de jacinthes fermes et odorantes...

Elle reviendra souvent, l'Américaine, au sortir de ses cours; elle devient une habituée; Laguillonette l'appelle «ma miss» avec un sourire épanoui et, pas à elle, bien sûr, mais à la bonne âme qui vient voir si les fleurs se vendent bien, il dit en songeant à sa Miss : «une jambe de bois ne ferait pas si mal dans un lit...»

Mais l'année scolaire s'achève et la miss va retraverser l'Océan.

Elle enverra régulièrement à la vieille dame une pension pour que Laguillonette ne couche plus sous les ponts, mais à l'hôtel, jusqu'au jour où l'hôtel prévient la vieille dame que Laguillonette Ernest, admis depuis plusieurs semaines à l'hôpital, vient d'y décéder.

LE COQ EST TOMBÉ UNE FOIS

Les murs tapissés de mousse, l'autel en bois doré avec ses volutes baroques, la grosse corde qui pend et qu'il faut actionner une première et une deuxième fois avant la messe, la console massive de bois peint où l'on posait les burettes, et ce St Georges en bois lourd qui terrasse le dragon... C'est l'église du village.

Au dehors elle est comme une vieille, agenouillée au haut de la colline avec son clocher sur l'épaule comme un fardeau trop lourd... Au loin la plaine basse... et tout à l'horizon la vieille abbaye que la distance rapetisse et qui ressemble à une grande ferme.

Mais les hivers ont passé, alourdissant de neige les solives, et les étés brûlants faisant craquer le bois, et les vents insidieux soulevant les tuiles...

Il faudrait réparer; bien sûr, plus on attend plus les années passeront, plus les dégâts seront grands... Ce n'est pas qu'elle soit très aimée notre église mais pour les mariages, pour les enterrements, elle est fidèle. Le dimanche des Rameaux aussi... Mais quelle lourde somme à dépenser pour une si petite commune, car notre église est «patrimoine communal». On en débat... on propose même comme solution économique,... le bulldozer.

Quoi ? Ne plus la voir quand on arrive sur la place ? Ne plus savoir qu'elle donne l'espérance, elle qui se trouve au milieu des tombes... Ah non !

Que faut-il donc attendre pour se décider ? Le coq.

Le 26 avril de cette année le coq est tombé. C'est l'animal que choisit le Seigneur pour mettre les siens devant leurs responsabilités.

Il était tout petit là haut, au dessus de la croix emblème de la France en même temps que le signe du Seigneur. Par terre il est très grand, lourd. Un côté est criblé de balles ; qui s'est amusé à tirer sur ce coq là ? On l'a ouvert : une date : 26 avril — quel anniversaire — 26 avril 1802....

La coutume veut que le coq soit, dans tout le village promené de maison en maison avant d'être hissé sur le clocher...

Il a donc frappé à toutes les portes pour rendre sa visite...

Le gendre du maire l'a ensuite pris chez lui ; il s'est passionné pour ce coq, martelant le cuivre, équilibrant les deux moitiés, faisant un bain d'argent pour consolider les attaches. Aujourd'hui c'est son coq : il a même écrit son nom dedans...

Mais un si beau coq réclamait un clocher qui ne penche plus, une toiture qui ne soit pas criblée de trous... c'est maintenant chose faite, les ouvriers sur le toit ont travaillé pendant plusieurs semaines.

Les années passant, si la neige, la chaleur, le vent, sous la direction du Malin s'acharnent à nouveau sur ces poutres et ces tuiles, eh bien, eh bien...

Peut-être que le coq, le 26 avril 2166 se verra dans l'obligation de tomber une deuxième fois...

LA JAMBE CASSÉE

Allègrement, comme Perette, je me dirige vers la ferme aux longs toits; au passage trois cerisiers rouges de fruits me saluent et me tentent... le sentier sent l'herbe chaude et humide, le four, l'été... Mon panier à œufs est un prétexte : c'est elle que je viens voir, elle, la vieille fermière, cassée de partout mais qui ne s'arrêtera jamais de travailler car, pour elle, le travail c'est la vie. Les jambes ne veulent plus; alors ce sont les bras, et la voilà qui tricote des têtières car ses enfants, eux, ont des fauteuils.

— « Et cette jambe ? Comment est-ce arrivé ?

— Le tibia et l'autre os, à côté, cassés ! J'entendais corner la boulangère; j'ai vite couru dans la grange chercher un sac pour mettre le pain, j'ai roulé sur un bout de bois et suis tombée sur ma jambe repliée...

— Vous aviez appelé ?

— Et ouiche ! j'ai hurlé, hurlé de douleur. Ma petite fille qui habite à côté m'a entendue; « voilà encore mémère qui crie après ses moutons, qu'elle a pensé ».

— Et la boulangère ?

— Elle a reparti; elle croyait que j'avais point besoin de pain et que je criais après mes poules...

— Et votre mari, le vieux ?

— Oh ! lui ! il était devant la Télévision qui marchait au plus fort.

Me sortir de là ! J'ai attrapé avec les mains un fût vide : je l'ai fait rouler devant moi en m'aggripant avec les mains. Les jambes ont suivi avec les os, pas forcément «dans le bons sens» me dit-elle en souriant...

— Je riais pas. Mon mari soulève le rideau... le film devait être fini.

— Que que tu fais là; mets-toi donc debout.

— Je voudrais t'y voir que j'y réponds!

On m'a emmenée en ambulance à l'hôpital : mais voilà que le médecin qui met les plâtres était handicapé lui aussi. Il s'était cassé le bras. Alors il a pris un apprenti et il lui expliquait tout comme il fallait faire, mais il ne s'y prenait pas bien...

On m'a ramenée chez moi car le vieux a un début d'ulcère à l'estomac, qu'il ne peut plus sortir, qu'il gémit depuis deux mois; à la maison qu'izont dit : i s'occupera d'elle.

Eh bien croyez-moi à partir de ce moment là plus d'ulcère. Il n'avait plus qu'une envie : sortir! Et cependant quelles jérémiades parce que le médecin lui avait interdit le vin!

C'est vrai interdire le vin au Père C., c'est comme défendre à une plante de pousser, ou à la pluie de tomber.

— Alors i buvait cinq litres de limonade par semaine, un petit coup de vin blanc sec dessus... comment voulez-vous qu'il ait pas mal!

Mais depuis qu'il doit rester à la maison pour me soigner, c'est la guérison complète. Le voilà qui prend sa casquette et j'entends ses pas qui s'éloignent...

Moi, avec mon plâtre, je vais quand même actionner ma machine à coudre...

Une histoire cela? Mais oui. A droite, des cerisiers, une grille d'entrée, de longs bâtiments de ferme de chaque côté d'une cour. Le décor est planté. Des moutons très paisibles, des poules aussi. Et là, au milieu, une femme qui rampe accrochée à un fût de fer comme à une bouée, la bouche tordue de douleur, les mains crochetant le fer, l'œil hagard, sur ce radeau de la Méduse, dans cette cour de ferme...

Une histoire toute simple et que personne n'entendra, couverte par les flonflons d'une affaire de sperme congelé, par exemple, qui fait la une des journaux depuis une quinzaine...!

LA COUPE ÉTAIT PLEINE

Après quatre années de désespoir et d'angoisses, voici qu'en ce glorieux jour d'août 1944, Paris est libéré! Les Allemands, haut gradés, qui habitaient notre rue, ont laissé des maisons vides; le drapeau à croix gammée ne flotte plus devant la Kommandatur à quelques pas de notre demeure. La joie est indicible...

Ma famille émue se réunit sur la terrasse de notre petit jardin de Neuilly; on sort les belles coupes de cristal un peu poussiéreuses... On brusquera le champagne pour qu'il soit vite frappé... il est en retard, lui!

Nous sommes là, quelques uns seulement; nous savons qu'il manque plusieurs des nôtres et, comme nous ignorons l'horreur qu'est leur vie, nous buvons à leur prochain retour; nous remplissons nos coupes, et dans l'émotion générale nous les levons : à la victoire!

A ce moment précis entrent dans le jardin, par une porte laissée entrebaillée sur la rue, deux Allemands hagards et apeurés, brandissant des mouchoirs blancs. On pensait qu'on ne reverrait jamais plus de vert de gris dans notre rue... Ils se cachent, rasent les buissons pour arriver jusqu'à nous... Qu'allons-nous faire! ils nous regardent, ahuris alors que nous levons nos coupes... C'est un tableau assez original... Il y a quatre ans que nous en bavons... mais, eux, ce sont deux pauvres types qui s'étaient terrés dans le sous sol d'un garage pendant les combats et qui ne savent plus où aller... Que faire?

Alors l'un de nous, facétieux, prend deux coupes, les tend aux deux Fritz
et les remplit... d'eau.

ALBERTVILLE

Paul bondit dans le compartiment. Enfin la Gare de Lyon, enfin le train; il jette son sac à dos, sa valise, sur la couchette qui lui est réservée; c'est le début de l'évasion, le début d'un repos bien gagné. Huit jours de ski! Son dernier stage à l'hôpital a été très fatigant : les cours à suivre, la salle d'op, et ces gardes de nuit où l'on vous réveille pour des «urgences» qui pourraient être peintes par Goya. Comme il est difficile de s'endormir après avoir trié, et fait panser tous ces coups et blessures nocturnes. Un étudiant en médecine devrait s'adapter à ce rythme tout de même, mais Paul ne retrouve plus le sommeil, même quand il a devant lui une belle nuit normale.

Huit jours de neige! C'est cela qu'il faut pour retrouver l'équilibre; en ce froid Février cela va être merveilleux dans la montagne...

Le compartiment de couchettes se garnit; un homme entre deux âges s'installe, méticuleux. Plusieurs petites valises. Il enlève ses chaussures, met des pantoufles; il ôte aussi son pantalon. Son long caleçon de coton lui tiendra chaud... Il regarde à droite, à gauche, scrute ses valises... C'est certainement un inquiet.

— «Monsieur?

— Monsieur

— Monsieur? N'avez-vous pas un réveil. Je voudrais descendre à Albertville et je crains de ne pas me réveiller.

— Non Monsieur, répond Paul, je n'ai pas de réveil mais je n'ai aucun sommeil en ce moment et je vous assure que je serai éveillé bien avant Albertville!

— Oh! Merci, me voici tranquille.»

Un troisième larron s'installe dans une des couchettes vides.

Le train s'ébranle; Paul cherche le sommeil. Impossible; ni la cadence du train, ni le ronflement du dormeur, ni les moutons cérébraux, rien n'y fait.

Le train s'arrête à Laroche-Migennes. Cette histoire remonte à de lointaines années où les gares provinciales n'étaient pas, comme aujourd'hui des déserts. Les voyageurs n'étaient pas perdus comme s'ils avaient fait naufrage sur une île déserte, s'aidant entre eux. Il y avait des employés, des cheminots — n'est-ce pas joli comme mot, et le mot chemin de fer donc! — L'un criait en arpentant le quai le nom de la gare pour renseigner ceux qui étaient à l'intérieur du train, d'autres affectés à d'autres services traînaient un chariot, passaient par «là»; vous pouviez demander à plusieurs d'entre eux un renseignement, le numéro du quai sur lequel arrivait votre train, par exemple, et puis, pour être tout à fait rassuré comparer les renseignements qui coïncidaient souvent. La marchande de journaux perdue au milieu de sa bibliothèque vous attendait; maintenant vous n'avez plus qu'une chance sur trois de la trouver — c'est peu — et encore! avec les trente neuf heures vos chances s'amenuisent! Aujourd'hui les gares sont aussi désertes que si un fût toxique de déchets était tombé d'un train de marchandises et s'était perforé. Plus aucun renseignement, plus aucun sourire si ce n'est celui, rectangulaire de l'appareil à composter!

Laroche Migennes! Dijon! Paul ne dort toujours pas... Enfin le temps passe et le sommeil est sûrement venu car il fait presque jour, et, Paul, perdu entre le mouton qui se fait opèrer de l'appendicite, le petit drogué de l'îlot Chalon qui ne veut pas rentrer dans le trou avec les moutons, voit s'éloigner son cauchemar et aborde peu à peu le domaine de la conscience.

Il entend : voiture Albert, en voit Albertville, en voiture... Albertville

D'un bond il se précipite sur le dormeur. Descendez, descendez. Vous êtes arrivé; je vous jette vos valises par la fenêtre. L'homme se lève d'un bond, prend son pantalon sur son bras, descend sur le quai en pantoufles. Il y a par terre vingt centimètres de neige. Une valise, deux valises, trois valises...

Déjà le train s'ébranle — «Mes chaussures!» Paul prend les chaussures; elles partent aussi par le carreau.

Paul est très fier. Il contemple par la fenêtre son œuvre.

Si un sculpteur, un jour veut faire une statue personnifiant la «reconnaissance» comme d'autres symbolisent la danse, ou l'amour, ou la conversation, il faudra lui suggérer l'image de cet homme en caleçon dans la neige, ses chaussures sous le bras, ses valises autour de lui, l'air épanoui de bonheur et qui crie tant qu'il peut, merci, merci, merci.

Paul est content de lui. L'homme au caleçon est peut être un voyageur de commerce qui a un rendez-vous très important dès ce matin à Albertville. Il a sans doute toute une famille à nourrir, cinq enfants ou peut être même huit...

Paul reste songeur et béat à la fenêtre. La silhouette insolite rapetisse au loin sur le quai tout blanc; il aperçoit encore le bras qui se lève, qui salue...

Le train commence à prendre de la vitesse et en grosses lettres, sur le mur que longe le wagon, Paul lit : «Chambéry...»

Consterné, affolé, le découragement l'assaille. Il s'affale sur sa couchette, la tête dans les mains. Il entend alors la voix du troisième larron : — «Mes chaussures!»

LES PLATANES

Combien en avez-vous me demande-t-on, avec un air de circonstance comme lorsqu'on s'informe, sans même attendre la réponse, pour savoir si le défunt a beaucoup souffert.

«Mais je ne sais pas, moi, leur nombre; mettons dix, ou trente, peut-être même cinquante; je ne sais pas... mais surtout sachez qu'ils sont centenaires. Un humain centenaire c'est le plus souvent une petite chose desséchée, rabougrie; on admire l'âge, pas l'homme. Mais un arbre centenaire c'est une personne, dans toute sa puissance.

Les miens sont si hauts que, de ma fenêtre, je ne vois même pas les premières branches et je n'imagine même pas de pouvoir enlacer leur tronc puissant, solide...

Ah! s'il n'y avait que le tronc!... Peut-être dira-t-on aussi d'eux bientôt : «ils sont encore plus grands couchés que debout». Mais, nous n'en sommes pas là!

Au printemps, ils sont les derniers à faire leurs feuilles regardant tout autour si tout le monde est comblé, hêtres, charmes, ormes, marronniers, comme le maître de maison se fait servir en dernier, par courtoisie. Car le platane ici est un maître; ce n'est pas le platane du midi, étêté chaque décade, car on lui demande son ombre. Ici on ne lui a rien demandé : on n'aurait pas osé. Il a toujours donné.

Il donne, par les journées accablantes de chaleur, alors que les places de village, les routes, desséchées et poussiéreuses vous brûlent, une ombre si épaisse, si drue, si totale, que les jaloux la disent froide, qu'on vous met en garde contre cette ombre là, génératrice de rhumes et même, disent certains, de broncho-pneumonies.

Le dernier servi au printemps, mais aussi le dernier à table, à l'automne. Ses feuilles sont des grandes mains de cuir de cordoue, luisantes, rouges, acajou, ou jaunes ; elles ne tombent pas, vulgairement comme les autres feuilles ; elles quittent l'arbre, dignement, comme une héroïne de tragédie racinienne quitte la scène parce quelle a tout dit. Elles sont si larges, si grandes que l'air les soutient longtemps ; alors elles ont air de chercher les courants, elles descendent elles remontent aussi, ou mieux, elles semblent choisir le coin de pelouse, ou l'allée sablée où elles vont se poser ; et le jardin tout entier est un immense patchwork où se mêlent les bruns, les ors. les roux, confondant pelouses, allées, recouvrant la dernière rose, ou l'ultime saulge... Les platanes sont attentifs aux saisons, cette liturgie de la nature...

Pourquoi est-ce que je raconte tout cela aujourd'hui ? Pourquoi est-ce que je «vois» tout cela, du bourgeon prometteur au grand feu de feuilles sèches ?

Parce qu'un homme est venu l'autre jour — mais, c'est de ma faute aussi ; je l'appelais pour qu'il me dise : «Mais ils vont très bien vos arbres ; Ah ! quelques feuilles grillées au mois d'août, à cause de la sécheresse, mais cela repartira tout seul, l'an prochain ; vous verrez, vous aurez tout oublié».

Cet oiseau de malheur a regardé mes platanes : «Ils vont mourir ; il faut les abattre». Après ces paroles qui me semblaient elles-mêmes meurtrières, il a bu un whisky, et même deux. A moi il aurait fallu un cognac et une cigarette, car le condamné... c'est moi.

Alors depuis ce jour fatal, j'imagine l'apocalypse, la fin d'un monde, la fin du monde... qui sera le bourreau ? à quelle saison ? on ne trouvera jamais de cercueils à leur taille ; je veux dire : ils sont si grands qu'aucun tracteur ne pourra les évacuer, qu'ils ne tourneront pas, quand ils seront les pieds devant dans le chemin étroit et sinueux de la Fontaine ; et me laissera-t-on les souches, pour chaque matin raviver ma douleur ? J'imaginerai ces longues racines inutiles qui, sous terre, parcourent les trente mètres qui vont jusqu'à ma maison

«Ceux qui ne sont pas morts vont crever me dit l'homme... un peu de glace dans le whisky, merci ; mais pas d'eau... c'est parfait...»

— Parfait ! Cartésienne, j'ose une question : Mais quelle est la cause de cette maladie ?

— Les Américains.

— Les Américains ? Je cherche ; je n'en connais guère ; en tout cas je ne me souviens pas d'avoir reçu ici le moindre yankee.

— Les Américains. A la deuxième guerre mondiale ils ont apporté ici des caisses de vivres ou de munitions faites de bois contaminé.

— Il y a plus de quarante ans, risquai-je.

— Oui. La contagion se fait lentement mais sûrement. Toute la France y passera. Merci : deux verres suffisent. Il faut du reste que je vous signale ; vous êtes les premiers du département...

Je sais. J'ai vu d'autres platanes le long des routes ; j'ai essayé de me persuader qu'ils étaient malades aux aussi ; comme je conduisais, je les voyais mal, et c'était très bien ainsi ; le doute subsistait.

Mais j'y ai cru à son histoire d'américains, au moins pendant un mois ; je l'ai racontée à d'autres, un peu comme pour me décharger d'une responsabilité. Si j'avais la peste je me sentirais coupable, mais avoir la peste en Europe au XIVe siècle n'avait rien de déshonorant. Les Américains ?

Mes interlocuteurs hochaient la tête, surpris. J'ai fini par douter — moi aussi.

Mais oui ! Nous y voilà ! En notre fin de XXe siècle la politique s'infiltre partout.

Mais je reste attentive ; il me semble que nos grands informateurs, presse, radio, TV, se sont emparés de ce problème de la maladie des arbres, ou, plutôt, ce sont aujourd'hui les seules informations qui m'intéressent comme lorsqu'autrefois on était en deuil ou enceinte — états oubliés et complètement démodés aujourd'hui — on ne remarquait, dans les foules, que des voiles noirs ou des gros ventres.

Les causes annoncées par ces informateurs sont plus plausibles : la pollution générale due au nombre croissant de véhicules à essence, aux cheminées d'usines ; les nuages et la pluie transportent ces déchets dans l'atmosphère, à des centaines de kilomètres même...

Alors... voilà. Je subis la dure loi ou plutôt la folie de cette fin de siècle que j'exècre. Je suis pieds et poings liés devant cette société, ce monde dans lequel je n'ai plus aucune place, aucun plaisir — ou très peu — à vivre.

Mais, alors la solution est trouvée ! Mes chers arbres, voici ce que je vous propose : puisque je ne supporte pas de ne plus vous voir et qu'un cercueil de trente mètres est plus difficile à trouver et à faire circuler qu'un cercueil de un mètre soixante deux... vous voyez...

A ce moment précis je reçois une volée de bois vert : ce sont des morceaux d'écorce qui se détachent des troncs et des branches, un strip-tease géant qui donne à vos branches des allures de bras nus... Est-ce normal cela ? Mais oui ; chaque été vous desquamez ainsi, mais plus discrètement. Affolée par tout ce qui est pathologique maintenant je me demande si ce coup de tabac, qui a failli me blesser même, vous est coutumier...

Ou alors est-ce un message ? Peut-être — Et je crois que je l'entends. Nous allons, de toutes façons laisser venir l'hiver. Là vous serez comme les autres, bien drus, mais sans feuilles...

Plus tard, plus tard ! Eh bien ma vie, comme la vôtre est dans la main de Dieu !

Mais un conseil : vous tous qui avez des arbres condamnés — ou même un être aimé — surtout n'y croyez pas ! un être condamné c'est bien «plus triste» qu'un être mort...

LE PETIT MANTEAU ROUGE

«Alors Macha, encore un peu de borsch ?»

Macha relève la tête montrant son nez pointu entre ses deux pommettes saillantes... oui; il faut manger, vivre cette attente. Encore vingt quatre heures, ou, plus que vingt quatre heures, elle ne sait pas. Il y a trente ans qu'elle attend, ou peut-être qu'elle n'attend plus; et voilà qu'on lui offre une nouvelle attente, qui reprend, presqu'insupportable.

«Allons Macha, vous mangerez bien un Blinis...» Nous avons fait dans cette province française un dîner russe, ou plutôt Macha l'avait cuisiné, pour combler ce grand vide d'une nuit qui nous sépare de demain matin lorsque l'avion décollera d'Orly pour Moscou. Mais Macha n'est plus avec nous; comme ces mourants qui revoient en un éclair toute leur vie, elle revit cette affreuse matinée de novembre 1942 quand l'armée allemande est entrée en Russie, dans son village. Trente ans!

C'était la première neige; j'aurais du mettre à Lilia ses bottes fourrées; à cinq ans on ne sait pas si on a froid...

Je lui tenais bien fort sa petite main quand nous sommes entrées dans cette boulangerie où étaient alignées les boules de pain... je sens encore l'odeur des croûtes chaudes. Trente ans...

Et puis cela a été si vite... si vite! Les soldats allemands sont entrés, m'ont entraînée au dehors; j'ai crié : «ma petite fille, ma petite fille»... ils ne comprenaient pas ce que je disais. Ils m'ont fait marcher loin, plus loin, mais je la voyais encore...

«Allons, Macha, cessez de réfléchir — Mangez»

«Elle avait un petit manteau rouge...»

Macha a prononcé ces mots tout haut; elle parle très bien le français; mais elle n'arrive pas encore à parler plat comme une pâte qu'on déroule; elle roule les «r»; cela fait de petites cornes à la phrase, cela fait siffler le mot comme le vent dans la steppe, comme une mélodie de Moussorgsky...

Les soldats allemands l'ont entraînée loin de sa petite, son mari est mort devant Stalingrad et elle a été ramenée en France par le reflux des alliés; depuis elle a essayé d'oublier.

Ici, dans l'Yonne, elle a cru aimer un homme, l'a épousé. Il ne disait pas ses prières. Il travaille dans une cimenterie mais les mauvais esprits se sont emparés de lui. Les parents de son mari ont appelée elle, Macha, «la bolchevik». Elle a eu deux beaux enfants bien établis maintenant. Simone est secrétaire et Georges est carreleur... Mais l'homme qui est le père de ces enfants rentre à la maison lourd de vin et la bat quelques fois.

Heureusement elle a son travail de lingère dans cette maison de retraite. C'est plaisant. Les bonnes baptistes rugueuses sentent le propre...

«Macha! il faut être gaie! Demain vous allez retrouver Lilia!»

Oui, elle sait. Demain. A la suite de recherches longues et patientes faites dans les consulats, elle a appris qu'on avait retrouvé sa petite fille. Sa petite Lilia. Elle serait mariée, parait-il; Mariée! mais, c'est vrai, elle a trente cinq ans! elle est professeur de cardiologie dans une université sibérienne. Son mari Boris est ingénieur, possède une voiture, ils seront tous les deux demain, après avoir fait trois mille kilomètres, à l'aéroport de Moscou, avec leur fils.

Ah! si elle savait, Lilia, elle mettrait pour qu'on l'aperçoive de loin... un manteau rouge!

Mais, Macha, comme si elle avait peur d'un demain trop beau, trop incertain, revient au passé; celui-là, on le possède.

Il fallait de la farine pour cuire un gâteau le soir pour la petite. Alors nous sommes entrées dans cette boulangerie...

Ma petite, ma petite... On va nous regrouper sans doute. Tiens, ils cherchent quelqu'un... Ne pas oublier, ce soir, de refaire son pansement au genou. Il doit coller un peu mais elle est courageuse; ne pleure pas Lilia; pince les lèvres.

Pourquoi est-ce que je pense au futur! Il y a trente ans. Comment sera-t-elle après-demain; dans son imagination, Macha essaie de tendre la petite fille comme on allonge de la pâte... Grande et mince, où petite et dodue avec une même boule de petite fille; trente années auront pu faire l'un et l'autre.

Ses grands yeux bleus — ceux là doivent servir — seront les mêmes dans un visage de femme... Elle a trente cinq ans. Tiens! Elle est plus âgée que moi; j'étais une jeune femme de... voyons... vingt-sept ans, dans la boulangerie...

C'est difficile d'imaginer une stature de femme, quand on a dans son souvenir une petite fille et dans son souvenir seulement, un souvenir qui pâlit avec le temps qui passe; mais le petit manteau est toujours bien rouge...

Macha a retrouvé Lilia, elles ont passé une semaine à Moscou. L'année suivante Lilia a obtenu un visa pour passer un mois en France. Sa mère et elle sont là toutes les deux, ce soir autour de ma table; j'écoute la mélodie de cette belle langue slave que je ne comprends pas, je regarde Lilia; elle rit, secoue la tête. C'est une belle jeune femme brune de trente-cinq ans... alors j'essaye d'imaginer la petite fille... les yeux peuvent resservir, les cheveux noirs aussi; je la regarde comme si elle s'éloignait, pour qu'elle retrouve sa taille d'enfant et je ne vois plus qu'une chose : un petit manteau rouge.

SOUVENIR

Un souvenir est-il une nouvelle? L'un, vieux, vieux; l'autre dont le nom signifie, qui éclot; le vieux beau et la nymphette.

Mais il a été jeune, lui aussi et avec des gestes à la Mephisto je vais le déballer, souffler sur la poussière des ans.

Cette histoire pourrait s'appeler : le cornet bleu, car le personnage principal est un de ces gramophones vendus après la première guerre, qui, entre ses grincements nasillards, laissait filtrer une mélodie syncopée américaine ou un air de Vincent Scotto. Il était surmonté d'un immense cornet bleu comme un liseron géant. Cet objet, aucun de nous ne pouvait y toucher et aujourd'hui encore il m'inspire le respect. C'était le maître de maison qui le manipulait; nous, les jeunes, trois ou quatre jeunes gens, autant de jeunes filles, attendions le bon vouloir du maître.

Cet homme, grand, barbu, nous faisait peur. Il sortait de l'ombre comme le père de Chateaubriand à Combourg surgissant de l'obscurité du salon. La petite pièce où nous dansions n'était pas mieux éclairée. Cet homme était terrifiant. Lorsqu'en semaine je venais voir sa fille nous n'avions pas le droit de rire trop fort «car Léon travaille», Léon préparait une agrégation de grammaire incompatible semble-t-il avec les rires de jeunes filles. Je le regardais ce Léon comme un objet fragile, qu'un rire pouvait perturber. Il ressemblait à l'acteur Pierre Richard Willm, avait son charme un peu tendre...

Les réunions dansantes avaient lieu le dimanche soir. Elles étaient précédées d'un dîner. Une grande table couverte d'une nappe blanche réunissait ces quelques jeunes comme on dit maintenant.

Monsieur et Madame Wagner présidaient. Lui protestant, elle catholique.

Après le dîner Monsieur Wagner se dirigeait vers le cornet bleu : «c'était le signal de la danse».

Nous essayions d'éviter l'invitation d'un jeune homme petit, laid, couvert d'acné juvénile. Nous l'appelions le petit pustuleux. En réalité il se nommait Jean Paul Sartre. Je me cachais derrière un autre bien commode car il était plus grand ; je me souviens de son nom : Paul Nizan. Mais celui que je préférais, et il me l'a prouvé quelques mois plus tard, était un jeune homme brun, aimable, me racontant des choses sérieuses mais charmantes aussi : il s 'appelait Maurice Merleau Ponty. Le quatrième était long et maigre comme un jour sans pain : son nom René Huygue.

Et tous nous regardions ce cornet bleu qui n'avait pas beaucoup plus d'autonomie que nous et qui attendait le bon vouloir du maître de maison pour nous distiller ses mélodies grinçantes.

UN CŒUR D'OR

Denis veut arriver à l'étape ce soir et trouver un hôtel dans cette ville; il a rendez-vous demain matin avec un client. Minuit déjà! Enfin plus que dix kilomètres!

Oh! l'essence est au rouge. Bah! il en reste toujours encore; dix kilomètres, il arrivera tout de même à les parcourir avec ce qu'il lui reste...

Bon. La ville de Tours est en vue; panneaux lumineux, feux, pancartes que les phares éclairent un instant dans la nuit noire...

Mais il roule toujours. Bien sûr! Le voilà sur le boulevard circulaire. Les villes, maintenant, afin que les automobilistes de passage ne les pénètrent plus ont cette ceinture... de chasteté. Et on en fait des kilomètres en tournant, en tournant...

Un hoquet, un ralentissement; c'est la panne, la panne d'essence. C'est à pieds qu'il va falloir chercher l'hôtel maintenant. Denis suppute : au moins huit kilomètres, ou alors un garage ouvert qui aurait une jerricane, une jerricane qu'il faudra rapporter à la main, ou alors dormir dans la voiture...

Et l'auto stop! A une heure du matin et avec la criminalité qui s'étale dans les journaux qui s'arrêtera?

C'est une jeune femme, au volant de sa voiture qui ralentit... et s'arrête. Elle invite Denis à monter, connait bien la ville et finit par trouver un lointain garage, resté encore ouvert... dans une banlieue voisine. Ces allées et venues prennent du temps... Il est près de deux heures du matin! Denis, enfin, va repartir... Il remercie la jeune femme. Un mot encore : «Vous n'avez pas peur, lui dit-il, de vous arrêter ainsi.» Oh non, dit-elle. Je m'arrête chaque fois qu'au bord de la route je vois quelqu'automobiliste en détresse et qui fait des signes; on peut rendre ainsi de tels services. Voyez; vous allez pouvoir repartir; mais voilà : la plupart du temps c'est... l'auto stoppeur qui ne veut pas monter!

Alors elle se retourne et montre sur le siège arrière, un énorme chien-loup.

Marinka!

Mais Marinka est douce, et cela les auto stoppeurs ne le savent pas. Denis la caresse et elle lui lèche un peu la main...

Merci aussi à Marinka.

PERTE D'UN FEUILLET

J'ai fait une expérience extraordinaire : j'ai déchiré, pensant les avoir fait recopier, des pages manuscrites où j'avais mis comme toujours ma matière grise et mes tripes. C'était une réflexion sur l'histoire de l'Europe, avec des raccourcis osés à la Paul Morand, et l'expression de ce que je ressentais et affirmais était une délivrance.

Plus je recherche ces pages, plus mes investigations sont vaines, plus je donne de poids et de valeur à ces lignes perdues, mais je suis incapable de les reconstituer. C'est un peu comme si un autre les avait écrites et que je me souvienne mal. Comme tout alors aurait été simple ! Mais comment m'interroger moi même ; quand on brûle des lettres dans un grand feu il y a des mots plus coriaces que d'autres, qu'on peut lire encore — et on s'y efforce, bien qu'il était plus simple et évident de ne pas brûler la lettre — mais qui sont cernés par le brunissement de la flamme et qui, s'ils ont été plus braves, comme un dernier carré, vont se rendre.

Non seulement je suis incapable d'écrire à nouveau ces feuillets mais je ne sais plus auquel de mes livres ils étaient destinés. Je me vois les déchirant, comme poussée par une autre force que ma volonté, sans raison. J'avais aimé le survol du Moyen Age, puis le mot « humanisme » que j'ai longtemps caressé parce que je le trouvais doux ; j'ai cité Erasme, j'ai eu du mal à retrouver le nom de Sébastien Brandt.

Si la cheminée au lieu de la vulgaire corbeille à papiers avait été le tombeau de ces feuillets c'est certainement le mot «humanisme» qui se serait consumé le dernier.

Je ne sais même plus pourquoi j'ai écrit ce panorama de l'Europe; le livre que je viens de terminer relate des souvenirs d'enfance. Je sais que ma pensée est vagabonde mais de là trouver un lien avec l'histoire de l'Europe.

Je m'étais attendrie sur la lumière du Léman à la charnière du XVIIIe et du XIXe siècle, à cette primauté donnée à l'intelligence qui tournait à vide, souvent exaspérée par l'exil, mais qui nous réjouit encore aujourd'hui. Ces êtres de chair et de sang qui égratignaient de leur plume pouvoirs et usurpations mais qui se nourrissaient de deux civilisations fécondes, la Française et l'Allemande. J'avais décrit Benjamin Constant, l'impétueuse Germaine, vivants, eux, mais tout pétris de ceux qui les avaient précédés de peu sur cette terre bénie, Voltaire et Rousseau.

Les auteurs se creusent la tête pour chercher des sujets nouveaux; essayer de dire ce qui n'a jamais été prononcé. Mes feuillets sur l'histoire, qui m'ont arraché tant de plaintes, étaient sans doute des redites; mais un auteur a-t-il déjà perdu le livre qu'il vient d'écrire?

J'avais comparé il me semble l'Europe à un orchestre, la Grèce ayant donné le la.

Puis sont arrivés les premiers accords, un peu brutaux, avec les pas cadencés des légions romaines, assourdissant même cette voix qui s'élevait de l'Orient pour donner le thème pendant les 2000 ans que devait durer ce concert et dont la petite phrase comme la fameuse petite phrase de la sonate de Vinteuil était : mon royaume n'est pas de ce monde.

Il y en a eu ensuite des affrontements, des cliquetis d'armes et tout en haut de l'orchestre ces cuivres et ce boutoir sur les grosses caisses, ces hordes de goths, à croire qu'on n'entendrait plus le thème qui enchante. Il est revenu avec les cathédrales et le Moyen Age tant imprégné de christianisme; et puis on l'a interprété, autrement, en mineur, le démolissant, présent surtout aux esprits; et enfin il y a eu tous ces cors, chantant à leur tour le matérialisme, couverts ensuite par les cuivres et les tambours des dernières guerres.

Le concert est fini; et ce que nous croyons être des applaudissements n'est que l'orage qui gronde à l'Est et au Sud. L'estrade est envahie, les musiciens sont bousculés : on croit que ce sont les «fans»; non; ce sont les pays en voie de développement qui pensent qu'en s'asseyant sur ces chaises, qu'en prenant en mains ces instruments au bois vernissé et roux ils pourront aux aussi arriver à l'harmonie.

NE PLUS AVOIR DE CHIEN

Avoir un chien, avoir un chien! Beaucoup écrivent dans le bonheur, dispensateurs de conseils, quelques uns publient. Mais, savez-vous ce que c'est, de ne plus avoir un chien, d'être orphelin de cette tendresse, de cet accueil, de cette présence muette tellement plus éloquente que l'autre, la parlante.

Tout se disait par ces yeux enamourés, cette queue qui se balançait, et, au temps de la jeunesse par un remue-ménage qui ressemblait à une bousculade.

Il est mort hier.

Et aujourd'hui, il faut que nous apprenions à vivre sans lui. L'amour et l'habitude se confondaient, comme avec les êtres humains; aujourd'hui, il ne faudra pas, en me levant, que j'ouvre la porte qui donne sur le jardin pour le libérer, il ne faut plus faire sécher de croûte pour son petit déjeuner, ne plus lui tendre, quand je boirai mon thé, de bout de biscotte beurrée... ne plus, ne plus... que d'interdictions! Comment en est-on arrivé là ?

Tout simplement treize ans ont passé : une vie trop courte pour la nôtre! Quand je pense que nous riions des bouchées doubles, septuples parait-il, qu'il mettait au début de sa brève existence, de cette existence si mal ajustée à la nôtre, comme un habit trop petit.

Sa vieillesse a été brève, une vieillesse à l'état pur, débarrassée du psychisme. Souvent en regardant un vieillard avancer à petits pas, je pense qu'il marche comme cela parce qu'il sait qu'il est vieux et que son pas doit correspondre à son âge, à la limite qu'il le fait « exprès ».

Mon chien s'est étonné de ses déficiences ; l'espace, il l'a connu quand il courait dans les prés affoler les moutons ou énerver les vaches. Mais le temps qui passe, le temps ! Il n'a jamais vécu avec les contraintes du temps. Que nous soyons absents pour une heure ou une demi journée, pour lui c'était l'absence, l'absence sans tarif.

Mais le temps ne l'a pas raté ; il a cogné dur ; mais comment lui expliquer que le dalmatien ne vit que treize ans ! Il n'a rien compris et chaque fois qu'il ne pouvait plus bien avancer, ou se coucher, il nous regardait en quête d'une explication : nous lui donnions l'eau, la pâtée, nos caresses, notre amour ; pourquoi cachions nous dans notre manche autre chose qui est la mort et qu'il ne connaissait pas ?

Non, Top ; ce n'est pas notre faute. Nous n'y sommes pour rien. Tu sais, mon vieux, à l'âge que nous avons, nous ne sommes pas beaucoup plus fiers que toi lorsque tu tremblais sur tes pattes déviées, ton arrière-train battant la campagne... peut-être sommes-nous plus à plaindre car nous, nous savons. La mort, tu l'as vu hier, c'est une affaire de seconde et c'est dans cette seconde que s'engloutit toute une vie. On se demande comment cela peut « tenir ».

C'est comme entre la présence et l'absence, si longues qu'elles puissent être, l'une et l'autre, mais avec, entre les deux un petit fossé minime : une porte qui se ferme, un train qui disparaît, une voiture qui s'éloigne, ce si gros Bœing que mange la brume, l'arrêt d'un souffle, ou hier... une piqûre...

Alors il y a le souvenir et celui-là, le temps il s'en fout, ou plus exactement il s'appuie sur lui comme l'avion sur l'air et cela le conforte.

Tu te souviens, mon Top, de nos promenades au bois : tu tirais, tu tirais sur la laisse, tellement plus fort que moi. « Oh ! le beau chien disaient les passants ». — « Un dalmatien ! remarquaient les enfants » et, rieuse, je leur répondais : « c'est le cent deuxième ».

Tes escapades à Rouvray ! Ce pigeonnier que tu contournais en douce vers le chemin de l'aventure. Dès que tu avais pris ta vitesse de croisière, aucune force au monde n'aurait pu te faire rebrousser chemin. On me téléphonait : venez chercher votre chien... Je t'ai retrouvé enfermé dans une bétaillère par un fermier furieux, camouflé au fond d'une niche dont une chienne obstruait la sortie ; un jour même les gendarmes eux-mêmes ont précédé ton retour...

Et puis, et puis et puis tout, depuis ce premier jour où, à quatre mois, déjà tacheté de tes truffes noires, tu es venu habiter chez nous.

Hier nous t'avons dit adieu.

Mon bonhomme de chien : avoir mal de toi, c'est encore toi. Il y en a qui souriraient, qui mettraient mon chagrin entre guillemets, peut-être au nom d'une morale, d'une hiérarchie des malheurs. Y a-t-il une cote des chagrins comme les sondages expriment une cote de popularité ?

Ces gens-là-qui-n'ont-pas-eu-de-chien, ne savent pas, les pauvres ! Ils ne savent pas tout ce qui s'est tissé entre nous pendant la quotidienneté de ces treize ans. Car ce petit point de toutes les heures, de tous les jours a compté pour nous plus que les grands événements, plus que le jour où tu t'es perdu au Bois de Boulogne et où je t'ai retrouvé, après bien des recherches, bourgeoisement installé dans une famille du dix septième arrondissement. Tu ne serais pas resté avec eux ? N'est-ce pas ?, bien que déjà on t'adoptait. Mais ils ont bien vu la joie avec laquelle tu m'as reconnue.

Et tous tes accueils ! Ce frétillement de la queue, de tes pattes, de tout ton cœur ; et tu sautes, et tu reviens et tu sautes et tu es presqu'aussi grand que moi ; et moi je trouve que cela devrait suffire, qu'on le sait maintenant, que je suis revenue ; mais, ta joie à toi, il en reste et il faut l' exprimer.

Et je dis que tu fais « schniff, schniff » car tu relèves tes babines au dessus de tes dents. Grosse bête que j'étais ! et c'est aujourd'hui que je m'en aperçois alors qu'un étrange silence emplit la maison : *tu souriais.*

Les nourritures terrestres ne t'ont jamais déplu. Pas, bien entendu, la nourriture pour chien, mais d'onctueuses béchamels ou la petite rissole goûteuse de pommes de terre qui s'étaient longtemps ébrouées dans le beurre, ou même la sauce d'un civet toute brune et vineuse qu'elle fût. Ta joie se traduisait par ce son argentin que faisait ta médaille tintant contre ta gamelle à chaque déglutition.

Maintenant la cuisine est silencieuse.

Tu te souviens de nos sorties avant cette affreuse maladie qu'on appelle la vieillesse et qui hélas t'interdisait d'aller au delà du jardin (c'est la seule interdiction que tu aies respectée, car celles venant de nous, tu t'en souciais comme d'une guigne).

Tu veillais d'abord à mon habillement ; s'il n'était pas trop élégant, tu savais qu'on irait au bois. J'ouvrais le coffre à bois : tu y cherchais tout seul ta laisse entre les dents, souvent avec un peu de mal et d'impatience car elle restait accrochée à une bûche ou à l'autre, tout cela dans l'agitation, car cette laisse n'était pas pour toi servitude mais liberté; tu filais dans le jardin, la jetais n'importe où, levant la patte sur elle — tu n'as jamais oublié — j'avais souvent bien du mal à la retrouver... et tu piaffais encore quand j'ouvrais maladroitement le portillon. Et hop! tu te propulsais.

Quelquefois dans les allées ou dans les fourrés tu t'éloignais de moi. Ah! comme j'aimais lire dans ton comportement ton inquiétude puisqu'elle était de l'amour! «Mais, me voilà, mon gros!»

La première journée sans toi : tous mes gestes contrariés : inutile d'ouvrir cette porte, de faire sécher ce bout de pain, de préparer ces restes dont tu étais si friand...

Je crois que dans la demi-obscurité de cette pièce va apparaître ta tête blanche avec ce pli entre les oreilles qui signifiait chez toi l'attente ou l'interrogation. Ce n'est pas possible, ma grosse poularde demi-deuil que tu n'enfles plus aujourd'hui ce panier désespérément vide!

Tu surveillais mes départs : c'était toi que j'apercevais en dernier quand je sortais du jardin; c'est toi que je voyais en premier quand je rentrais...

Tu aimais ma cuisine, mais tu trouvais le soir que ta couche était mal disposée pour la nuit. Tu t'énervais en la remettant dans un autre désordre, le tien. Si tu avais pu parler tu aurais dit, comme ma mère : «Ce n'est ni fait, ni à faire».

Le soir tu me guettais : c'était l'heure du gâteau final. Je m'évertuais à n'entrer qu'une fois dans la cuisine car tu oubliais très vite le gâteau précédemment reçu... ou tu faisais «semblant».

Fancy full ! J'ai dans les mains ce pedigree devenu inutile.

Fancy full ! Tip Top.

Je t'ai toujours appelé Top simplement. J'aurais préféré Truffe puisque le T était de rigueur cette année-là, Truffe car tu étais admirablement tacheté, juste ce qu'il fallait de truffes, donnant tout le loisir à la soie blanche de tes poils courts de s'iriser largement sur ton dos entre les taches; par contre tu en avais plusieurs, bien noires, sur cette oreille si douce, si molle entre mes doigts lorsque je jouais avec elle comme avec une feuille nouvelle. J'aimais aussi celle qui affleurait ce que j'appelais tes deux kilos de babines, ces babines roses, débordantes, qui s'éloignaient de la forme classique d'un museau quand tu prenais des positions tendres.

Tu étais beau; quand nous marchions ensemble, au bois, on se retournait sur notre passage.

Je me promène seule, maintenant. C'est sans aucun intérêt. Je croise des gens qui s'affairent autour de leur chien, en possesseurs tranquilles, assurés d'un bonheur égal. Ah! s'ils savaient! s'ils savaient qu'un jour ils jetteront laisse, panier, gamelle, brosses, comme on vide une armoire avec des vêtements encore chauds de présence...

Mais, ils n'ont pas l'air de savoir, de savoir du tout. Les prévenir? Bah! à quoi bon! Ils ne me croiraient pas, et pourtant cette brève existence attachée à la leur combien plus longue ne peut combler tout ce qui leur reste à vivre sur cette terre... Je les croise, je les regarde... les malheureux!

Mais vous qui avez un chien, avant qu'il ne soit trop tard, goûtez votre bonheur.

LE POISSON CHINOIS

Vendre, vendre... Ah si l'on pouvait vendre, créer des besoins, surtout à l'étranger... mais l'étranger fait la fine bouche et la consommation a l'air de ne pas l'intéresser.

Et cependant c'est par la consommation qu'on essaye de gagner le marché ; ces déjeuners d'affaires, entre hommes, sans toilette claire pour égayer l'ensemble, ne ressemblent-ils pas à des repas d'enterrement à la campagne, où au moins on s'égaye à la fin ?

Il faut traiter l'éventuel acheteur, enlever une commande à l'échelle d'un pays ; cela vaut bien tout de même une bonne poussée de cholestérol ?

C'est aujourd'hui à un algérien qu'il faut vendre des fils et ce n'est pas viser trop haut, vu l'importance du marché, que de l'emmener chez Le Doyen.

Les Champs-Elysées sont exquis avec leur gros bouquets de rhododendrons et le restaurant semble vouloir accueillir des amours proustiennes. Une nuée de serveurs s'empressent ; le soleil, par les grandes baies vitrées joue avec l'ombre sur le damas des nappes empesées, les cristaux irisés et les porcelaines. Notre algérien ne semble pas particulièrement ébloui ; peut être pense-t-il qu'Alger est très belle et que le luxe pour quelques uns ne mérite pas qu'on s'y attarde...

Alors le menu, le raffinement de la cuisine française arriveront-ils à attendrir cet homme qui devrait être au moins surpris par la délicatesse, le savoir faire de ce pays... la cuisine, c'est aussi une civilisation, bon Dieu !...

On apporte les truites au bleu qui ont des tons de porcelaine scandinave, entourées de l'or du beurre fondu alors que des citrons savamment découpés promettent d'ajouter l'acidité à la chair rose et savoureuse.

L'assiette en elle-même est un tableau, un Chardin... L'Algérien se déride à peine et les fils pour les tissages semblent compromis. Qu'il admire au moins, qu'il admire cette perfection, cette perfection pour l'œil avant d'être celle du palais...

Il va en parler... «En Chine, dit-il, on fait beaucoup mieux ; j'ai été invité dernièrement dans un restaurant où j'ai mangé un poisson cuit... et vivant ; il remuait dans l'assiette. Avant la cuisson on le débarrasse de sa chair en conservant les centres vitaux ; quand la chair est cuite on la replace dans le poisson qui s'ébat dans votre assiette quand vous le dégustez.

Les fils de tissage seront sans doute chinois...

LE BUREAU

Marc et Isabelle partent à la foire aux antiquaires de la Bastille. Ils veulent prospecter car il leur faudrait un bureau.

Les stands se succèdent; les meubles se font admirer, on les regarde, on les imagine dans le contexte familier. Au n° 27 un bureau Empire confortable, large, attend preneur surveillé par une alerte vieille dame. On s'intéresse... La vendeuse remarque l'intérêt de l'acheteur. C'est un bureau de notaire; l'endroit où il mettait son coude est un peu lustré, poli. Imaginez tous les dossiers qui ont défilé sur ce bois; la comédie humaine tout entière. Le prix; Ah le prix bien sûr! mais est-ce un obstacle quand on assiste à la rencontre exceptionnelle d'une telle pièce et de celui qui est prêt à l'aimer.

Tout de même; le prix! Enfin on s'arrache mais ce n'est pas un adieu.

Le temps de prendre dix mille F à la banque et voilà nos acheteurs partis... au casino d'Enghien pour risquer cette somme, et la tripler. Il fait nuit, froid, la route est encombrée mais au rythme des feux : rouge... vert passe. Le plan de jeu s'élabore.

Le Casino est plein de la foule des week end; on risque un œil, comme on peut, par dessus une épaule, car les joueurs sont nombreux autour de la table longue. Ah! il faut une carte? pour la semaine?

Mais les mises sont faibles et le maximum qu'on puisse gagner ou perdre est dérisoire. Il faudrait aller à Forges les

Eaux, ou à Deauville loin de ces perd-petits... mais la foire va fermer ses portes.

Adieu bureau...

Mais comme elle aurait été belle cette histoire si elle s'était terminée comme un conte de fées... et comme il aurait été charmant de la raconter, à des amis amusés et admiratifs, en posant négligemment sur le beau bois un verre de whisky ou une tasse de café..

Adieu bureau.

L'INFIRMIÈRE

Elle avait, au téléphone, fait des «façons» pour venir faire cette piqûre, prétextant qu'il fallait traverser l'avenue. Je sais bien que cette traversée relève de l'aventure dans un décor qu'on peut qualifier de futuriste, rejetant dans des temps qu'on ne connaîtra pas ce qui nous déplaît... mais tout de même une infirmière qui doit plus qu'une autre prendre les situations en mains, devrait prendre ce risque.

Elle a traversé l'avenue.

Et, quand elle nous a quittés, j'avais les larmes aux yeux...

On n'attend rien d'une journée qui bascule vers le soir et quelqu'un entre dans votre vie comme un coup de vent; on l'ignorait la minute d'avant et aujourd'hui je pense tant à elle que j'écris ces lignes pour qu'elle ne s'en aille pas.

La traversée de l'avenue avait bon dos. «Une piqûre, une piqûre, tout le monde peut le faire, savez-vous, nous dit-elle avec son bon accent wallon; à Louvain chez moi on se la fait en cas de besoin de l'un à l'autre. Une infirmière! Elle fait un long trajet, hop, elle pique, elle repart. Non; moi je reste chez les malades longtemps leur donnant tous les soins, grands ou même petits, une toilette par exemple, que les derniers jours de la vie réclament. Je baigne une vieille femme de quatre-vingt quinze ans et on cause, et on cause, et la baignoire qui se remplit, la belle eau bleue, cette impression de l'eau qui vous enveloppe lui rappellent les jours heureux. Avec moi elle n'a même pas la crainte de tomber ce qui lui gâcherait tout plaisir;

vous pensez! un bain avec en contrepoids éventuellement une fracture du col du fémur. Plus de plaisir.

Les médecins, en France, surtout, avaient mal compris mon rôle, mais maintenant ils me recherchent. Je «travaille» aussi avec un prêtre, un pasteur et un rabbin. Après vous je dois aller chez une femme tout à fait agnostique qui, je le sais, veut voir un prêtre car elle sait qu'elle va mourir. Tous autour d'elle le savent aussi mais personne ne prononce le mot, comme si le mot lui-même tuait. Il va donc falloir que je les écarte tous, sous prétexte de soins, pour aller à l'essentiel.

En France on fait beaucoup pour les enfants; on va de performance en performance pour truquer au maximum les naissances et faire de beaux articles avec photos dans les magazines, mais les vieux, le sort des vieux, de quelque classe sociale soient-ils, n'intéresse pas. Je suis arrivée tout de même à ce que dans mes soins, même la partie la moins active, soient remboursée par la Sécurité Sociale.

Tous les ans je vais en Amérique, aux Etats Unis pour me recycler. Curieusement, ce peuple dit jeune, s'intéresse aux vieux beaucoup plus que nous, et je m'aperçois, en rentrant en France, que nous avons tous les moyens, mais que nóus ne les appliquons pas. Peut-être, quelquefois, à l'hôpital, bien que très souvent pour les cancers on se borne les derniers jours à une piqûre de morphine le matin et à une autre le soir, laissant le malade crier entre les deux au lieu d'injecter la morphine en perfusion continue.

Le malade aimerait mourir chez lui, dans son cadre; il est souvent, pour les soins, sans une présence un peu prolongée, livré à lui-même. Et cependant cela coûterait moins cher à la société que l'hôpital. Ma présence, matin et soir, ne revient pas au 1/5 d'une journée de clinique.,.

«Mais Madame qui vous a donné l'idée de faire ce métier qui doit envahir matériellement et psychiquement votre vie privée?...

— J'ai perdu un enfant; je ne savais rien faire; j'ai effectué alors, sur le conseil de mes proches, mes trois années d'infirmière d'état et ai choisi cette spécialité. Et j'ai trouvé que c'était tellement beau et exaltant que lorsque ma fille a eu, très jeune, ses bachots je lui ai conseillé de faire le même métier que moi. Elle a vingt-deux ans et est installée ... du même côté de l'avenue que vous, dit-elle avec un sourire. Vous la verriez arriver cette belle Flamande avec sa chevelure rousse et sa peau de lait, c'est la vie même. Naturellement, quelquefois, lorsque vous téléphonez, elle n'est pas au bout du fil... Peut-être est-elle au cinéma. Elle aime bien le cinéma; il faut l'excuser. Elle a vingt-deux ans ! Moi je suis toujours là : tenez : ma grand mère est morte avant hier ; j'étais près d'elle ; l'enterrement est demain, oui, je crois, demain à Louvain. Je n'irai pas. Mes six frères et sœurs m'ont dit : tu es plus utile là où tu es. C'est vrai. Etre utile... Mon père est diacre, en Belgique, c'est possible ; tous ses enfants sont établis ; alors il aide dans la paroisse, porte la communion. A Louvain on est très catholique, l'université même...

Elle parle, elle parle en regardant devant elle comme si elle y voyait et son passé et son avenir...

Puis elle s'arrête, nous regarde enfin, et tout simplement, dépose sur notre table sa carte et son adresse... et celle de sa fille...

L'EUROPE CONSEILLÉE

Cette Europe que tout le monde souhaite, ce mariage de raison tant prêché par Jean Monnet après la deuxième guerre mondiale, a trouvé ses assises tout naturellement dans cette belle ville de Strasbourg qui profitait enfin d'une situation géographique exceptionnelle. Les grands de ce monde se sont interrogés pour savoir quel serait le lien qu'il faudrait nouer en premier entre toutes ces nations européennes. On a choisi d'abord le lien militaire ce qui était nettement faire preuve d'incompétence à l'heure où, dans tous les pays, les plaies de la guerre n'étaient pas fermées.

On a essayé ensuite une communauté charbon acier à l'heure du fuel et de la fibre de verre...

Enfin le Marché Commun essaye de trouver des compromis, réduisant les différends à des histoires de poulets, de moutons, de vin, et si une vache anti-européenne pisse trop le lait elle va voir, ce qu'elle va voir. Ce sont des préoccupations à couleur presque pacifique; créent-elles l'union ?

Ceux qu'on appelle encore les deux grands, jusqu'à ce que la montée du tiers monde les submergent, ont un patronyme qui commence par un U : united, Union des... N'allons nous pas y arriver tout de même !

Une femme, voyant que la raison échouait, a eu une idée bien féminine : et si on créait l'Europe du Cœur! Les « amitiés européennes » étaient nées. Accueil familial à Strasbourg des étrangers avec leurs femmes, ou leur famille, conférences, voyages. La majesté du Rhin convenait à cette ambiance et l'exiguïté d'un bateau rassemblait, unissait ce que ni le commandement militaire, ni la houille désuète, ni les vaches innocentes n'étaient arrivés à faire.

Un jour, madame Pflimlin, puisque c'est d'elle qu'il s'agit — mon histoire remonte à une trentaine d'années — demande à une de mes amies de recevoir la délégation italienne à dîner. Grand branle-bas; mon amie voulant faire une décoration méditerranéenne me demande de cueillir dans mon jardin des brassées de feuillage pour tapisser les murs. Le Marché lui a fourni tous les citrons et oranges voulus, qu'elle a piqués çà et là dans la masse verte. C'était vraiment du plus heureux effet. On se serait dit à Capri. Nappe damassée, argenterie brillante, bougies, tout était disposé à ravir, le goût italien depuis la Renaissance n'ayant jamais failli.

La cravate noire était de rigueur ainsi que ces robes du soir à larges jupes soulevées par de nombreux jupons comme c'était à la mode à ce moment-là, La Castiglione se serait trouvée chez elle, d'Annunzio aurait fait mille compliments, et la Duse se serait pâmée.

Mais voilà. Il y a eu, au sommet probablement, une erreur sur la distribution des invités, et, qui a-t-on fait entrer au salon ?

La délégation irlandaise.

Grosses semelles crêpes, jupes de tweed, gros pull à col roulé, une pipe çà et là...

Mon amie était consternée; comment transformer la salle à manger en pub, le salon en terrain de golf...

Rapidement elle a remplacé les disques de bel canto par la musique aigrelette de cornemuse. On a dansé...

J'ai piqué tout de même un italien qui s'étant trompé deux fois d'invitation s'est trouvé au milieu de nous. Il s'appelait le marquis de Lucifero. Il riait du spectacle insolite, en renversant un peu sa tête en arrière, si bien que sa barbichette de faune était parallèle au parquet. Il possédait, me racontait-il, un palais en Calabre de soixante dix pièces, si grand mais en si piteux état que lorsqu'il pleuvait dans une chambre on déménageait pour occuper la suivante... Grandeur tout de même !

Il était italien, royaliste, châtelain et fauché.

Il n'avait jamais beaucoup travaillé. (Le mot lui déplaisait). Mais il lui était difficile de renoncer au faste. Il me raconta cette histoire : Un jour, j'avais bien envie me dit-il d'aller à Milan avec ma petite amie... Je suis allé emprunter l'argent nécessaire à un mien cousin, sérieux et travailleur. Il m'a prêté — prêté, hum ! — dans le présent un don ou un prêt se ressemblent à s'y méprendre — les lires dont j'avais besoin. Heureux de cette escapade j'arpentai le quai à la recherche de mon wagon lit quand j'aperçois, dans un wagon de troisième classe, coincé entre un curé et un ivrogne... mon cousin!

— Où vas-tu?

— A Milan.

— Moi aussi... mais en wagon lit... avec les lires que tu m'as prêtées...

Il dansait à ravir dans ses escarpins vernis, regardant en riant les gros souliers cloutés de ses voisins...

«... On leur a donné la liberté, me dit-il (à mon avis, ils l'ont prise) et voyez ce qu'ils en font!!

GERTRUDE

Il était une fois... ces quelques syllabes ont mis en appétit des générations, des générations d'enfants... «il était une fois»; quatre mots qui n'ont, en soi, aucune signification... il était un cheval ou une poupée... oui ; mais l'univers de l'imagination est clos. Mais «une fois»... une fois, pourquoi ? Le temps, ce grand magicien, interviendrait il dans cette histoire ? Non : une fois, bizarrement c'est l'intemporel et peut-être est-ce cet égarement voulu par l'auteur dans le temps mais aussi dans l'espace, qui crée le mystère. L'histoire peut se dérouler maintenant; nous sommes, en condition, comme l'on dit aujourd'hui.

Il était une fois une poule.

Ma poule blanche avec quelques plumes isabelle s'appelle Gertrude. Avant l'accident, elle n'avait pas de nom.

Comment en est-on arrivé là ! Il y a quelques années encore les rencontres sur les routes poudreuses entre l'automobiliste et la gent volatile étaient fréquentes. La poule l'œil inquiet, voyait arriver l'engin sur le bord de la route et supputait toutes les conduites possibles : traverser, rester... L'automobiliste, plus perplexe, encore, essayait de se faire poule, d'imaginer ce que peut penser une poule. Va-t-elle passer maintenant, plus tard, pas du tout. C'était du tir au pigeon au négatif. Bien entendu cette drôle d'attente se terminait dans un caquètement de terreur, des nuages de plumes et le conducteur de l'infernale machine abandonnait ses réflexions sur la bêtise de ces «gallinacées» pour aller constater si derrière sa voiture — il n'y avait pas de rétroviseur — il y avait un cadavre ou pas.

C'était le temps de «il était une fois».

Aujourd'hui les poules se trouvent rarement sur les routes ne vivant plus dans les cours de fermes ; ce n'est plus rentable. Elles sont dans des élevages, deux mille, trois mille parquées dans d'étroites cages, sans plus aucune des joies de la liberté.

L'automobiliste n'échappe pas non plus à cet univers carcéral. Il est sur l'autoroute, ou sur une route nationale, mené par toutes sortes de signaux dessinés sur la chaussée et pas du tout par ce qu'il a envie de faire...

Comment Gertrude et la camionnette de l'entrepreneur ont-ils eu une dernière fois dans l'histoire... des destins qui se sont croisés ? On pourrait adopter la version du journal local,mais tout le monde a oublié un fait divers, la nouvelle suivante gommant toujours le précédent, quelque soit l'intérêt de l'un et de l'autre.

Des abcès soignés avec sollicitude ont raccourci la patte malade de Gertrude ; le bec, lui, a été cassé net. Il n'a plus cette petite pointe recourbée qui permettait de piquer chaque grain avec dextérité, les yeux fixés sur la prochaine pâture. Gertrude s'est installée dans sa vie de handicapée. La vieille mère Chauvin le sait et c'est entre elles une connivence qui n'appartient qu'à elles. Bien sûr il faut la nourrir à la main... mais, dites-moi, elle pourrait pondre toute seule. Eh bien non ! Depuis qu'on lui a apporté un panier doux et moelleux qu'elle peut enjamber avec sa patte plus haute que l'autre, elle a goûté aux délices du confort et de l'affection. Dès qu'elle veut pondre elle cherche son amie la vieille femme, caquète, se frotte contre elle... Ah oui ! s'écrie Madame Chauvin, le panier ! «Tiens ma fille, j'oubliais !» Toutes les deux ont oublié le drame, la patte malade, le bec coupé ; il ne reste plus que la douceur d'une habitude.

Appendice

Cette histoire est une histoire vraie. Madame Chauvin et Gertrude se mettent à deux pour pondre et elles continuent aujourd'hui encore à faire de magnifiques œufs tout blonds. La poule s'appelle bien Gertrude. Mais la vieille se nomme Renard, Reine Renard ! J'ai changé son nom, personne ne m'aurait crue...

POSTFACE

Les auteurs aiment exprimer longuement dans la préface leurs intentions; mais je préfère intervenir ici, puisque nous avons fait plus ample connaissance, que nous sommes sur le même plan, lecteur et moi, puisque ces histoires, maintenant, vous les connaissez aussi bien que moi, mieux que moi puisqu'en les lisant vous êtes comme je viens de le dire nés avec elles.

J'insiste sur le fait que ce sont des histoires vraies, qu'elles sont, «arrivées» avec tout ce que ce terme a de réussi. Naturellement si j'avais fabulé, ce serait tout à mon honneur; mais je ne suis qu'un exécuteur, et je n'hésite pas à vous rappeler, très modestement que je ne suis pour rien dans le déroulement des événements.

Bien d'autres que moi, et des plus grands, ont accordé plus de valeur au vrai qu'à la fiction, même si leur art paraît la fiction de tout l'habillage de la réalité! Cervantes lui-même affirme qu'il n'est pour rien dans la création de Don Quichotte. Son héros a existé, en chair et en os, — en os surtout —, il était l'ami d'un certain Cid Hamel Ben Engeli qui a raconté son histoire, et le mérite de Cervantes a été de retrouver le vieux manuscrit chez un fripier.

C'est un plaisir de collectionneur que de partir à la recherche d'histoires; connaissant ma passion, on veut quelquefois m'en raconter : mon interlocuteur rit beaucoup — «C'est tout?» — Oui c'est tout». C'est tout à fait inutilisable. Je sais bien; je suis exigeante. Avec la fiction on peut faire n'importe quoi; le héros est complètement à la merci de l'auteur. C'est même un peu choquant ce pouvoir d'un être sur un autre. Sartre s'indigne que Mauriac se conduise d'une façon pareille avec Thérèse Desqueyroux; c'est la priver de toute liberté en connaissant ses plus secrète pensées, en la faisant agir comme le romancier l'exige. Le romancier est un despote orgueilleux qui impose à ses créations l'esclavage; elles n'ont aucune autonomie.

Je me défends donc d'être une romancière; dans mes récits, l'artiste c'est Dieu. Et cependant dans beaucoup d'entre eux, comme j'ai été tentée d'intervenir, surtout à la fin!

Mon Sarcellot avait trouvé dans la Résistance sa raison de vivre; quand, avec ses compagnons il a aperçu la voiture allemande vert-de-grisée, qu'aurait-il pu se passer? Que les allemands prennent la première route à droite vers Tenant? J'ai été bien tentée. Avais-je le droit de sauver la vie de mon Sarcellot?

Aujourd'hui il serait presqu'octogénaire; au lieu d'être un handicapé, il serait un vieil handicapé, c'est à dire un vieux comme tous les vieux. Il serait décoré non d'une marguerite mais de la légion d'honneur... La tentation était grande... Il aurait peur de mourir... J'ai résisté.

Et Laguillonnette qui est mort à l'hôpital sans faire de bruit. Je vous le demande un peu...

Lui aussi, si j'avais pu, j'aurais aimé le sauver.

Alors quoi? Le marier avec la Miss? Non. Sait-on ce que peut devenir une américaine sur le vieux continent, unie à un unijambiste. Non; mais il aurait pu réussir dans son commerce de fleurs, gagner de l'argent, acheter une boutique rue d'Assas par exemple. Et plus tard, mais pourquoi pas s'installer rue Royale... Des employées s'affaireraient parmi les roses,.. «J'aimerais parler, dirait une cliente ravissante, à Mr Laguillonette lui-même; c'est pour un arrangement floral pour une réception»! «Je vais voir, Madame, si je ne le dérange pas...»

Mais je rêve... On vous prévient que Laguillonnette Ernest est décédé cette nuit à Lariboisière...

Faut-il regretter le roman, cette manipulation sans lois : on peut tout faire avec la vie, avec la mort... Pourquoi pensé-je que mes histoires sont plus belles parce qu'elles sont vraies?

Elles sont simples, ne cherchent pas comme la fiction à être le support d'idées, à instruire, à éduquer... ou à raconter n'importe quoi pour plaire.

On dit qu'un conteur reste extérieur aux récits qu'il écrit, utilise des phrases comme : il parait, on a dit», pour être sûr que le «je» n'intervienne pas en vue d'un quelconque fait «romancé».

Je le crois. Je n'ai pas créé le personnage de Macha puisqu'il était là avant moi ce qui prouve sa préexistence à mon récit, ce qui est bien le contraire du roman. Je n'interviens qu'en spectateur «Je regarde la mère Renard qui pont des œufs, j'attends ce qu'elle va faire pour aider Gertrude à saisir le grain avant de le raconter. Si mon Algérien ne s'est pas étranglé avec une arête c'est bien que je me sentais pieds et poings liés par la vérité. Je ne suis pas du tout mieux armée devant mes récits que vous, lecteurs. pour un peu l'histoire se déroulerait sans moi...

Ah ! Si j'avais pu, si j'avais été une vrai romancière la nouvelle «ne plus avoir de chien» se serait appelée «ne plus avoir de maîtresse» et on aurait vu mon Top, en grand deuil, tout blanc et noir, franchir la grille du petit cimetière de Rouvray et pleurer avec les longs sanglots dont il avait le secret, sur la troisième tombe à droite dans la travée de gauche ; sur ma tombe ce serait à la fin d'une belle journée de Juin quand la lumière est incomparable dans la Vallée du Serein ; il aurait mis les deux pattes de devant sur la pierre, aurait tendu le cou et son poil aurait été tout doré par la beauté du soir. Mais voilà. J'ai voulu l'authenticité, une piqûre de strychnine a mis fin à ses souffrances dans la sordide officine d'un vétérinaire parisien.

Il faut tout le talent de Balzac pour qu'il nous promène, où bon lui semble ; sans se soucier du réel... Comme moi, qui viens de voir Top pleurer sur ma tombe... Mais la fiction vous entraîne dans la facilité ; il faut lui dire encore une fois : non. Courageusement.

DEUXIÈME PARTIE

ÉCHO D'HIER

Table

Chapitre 1

CORRESPONDANCE

La correspondance donne toujours une impression de mouvance ; plus qu'aucune œuvre écrite elle est vraiment une histoire du temps qui passe, sans apprêt, ni souci de composition ; l'auteur se livre ; il se livre à un être de son choix ! alors que le lecteur d'un ouvrage, dans son anonymat, est presqu'une abstraction, une entité à mille têtes, le vouloir ou la pensée de l'un annulant celui de l'autre. Mais écrire pour quelqu'un, envoyer un message qui peut être pressant et qui trouvera sûrement son destinataire, quelle joie ! Quelle certitude ! Les Romains dataient leurs lettres du jour où elles devaient joindre celui qui la recevait pour la rendre, sans doute plus vivante.

La correspondance de George Sand nous rapproche d'elle plus qu'« Indiana » ou la « Mare au diable ». Les lettres échangées entre Gide et Claudel éclairent deux hommes plus que deux écrivains.

Une des tristesses de notre époque, qui se dit cependant un temps de la communication, est que toute correspondance est abandonnée, et qu'il n'y aura dans les temps futurs aucun vestige de ces échanges épistolaires qui fixent non seulement une personnalité mais une personne dans la quotidienneté.

Les hommes écrivent, mais ne s'écrivent plus ; l'art d'écrire est un travail de solitaire ; l'échange se fera plus tard et encore quel échange! Avec le géant qu'est l'auteur d'un livre et la petite fourmi parmi d'autres qu'est le lecteur.

Et puis la correspondance est aussi le témoin d'un temps, d'une époque redonnant la vie toute chaude; si chaude et si vraie qu'il y a indiscrétion à lire par dessus une épaule, à ouvrir une lettre, alors que le livre est à tous, depuis le moment où il se prostitue en librairie...

La fiction, peut-être, puisque elle a tout le champ de l'imagination, peut offrir des sujets qu'aucune contingence de vérité ne pourra affadir; mais n'y a-t-il pas une force dans le fait que certaines lettres ont été pensées, écrites, sans le souci de produire un quelconque effet, à la limite lucratif, mais avec le besoin de s'exprimer, de dire à la minute même ce qui était trop gros, trop lourd à porter.

Une lettre ne peut être que vraie. Elle porte une date, comme quelqu'un a un âge; c'est une parole qui a été dite, car il n'était pas possible qu'elle ne le soit pas.

C'est avec ce respect qu'il faudra lire ces feuillets, retrouvés comme au fond d'un souvenir, témoins d'un environnement, d'une détresse, dans un contexte précis, du temps où une écriture fine ou allongée les a recouverts, sans arrière-pensée d'une lecture lointaine; le lecteur va sourire, va pleurer, va se souvenir; un temps passé lui est offert avec toute la chaleur, la saveur de la vie.

Que ne peut-on reproduire le dessin de l'écriture manuscrite : à elle seule elle est une histoire. Il serait intéressant de constater comment une écriture depuis les rondeurs de l'enfance, l'indécision de la puberté, l'affirmation de l'âge adulte, se transforme, chez le même être.

Toutes les lettres que vous trouverez ici portent les millésimes de 1914, 1915. On a presque peur de ce qu'elles contiennent. Ces dates qu'on ne prononce pas sans effroi, font, à elles seules, frémir.

Tous les livres, si grands soient-ils, que ce soit «Guerre et paix», ou les «Croix de bois» de Dorgelès, ou Civilisation de Duhamel montrent la faiblesse tout de même de la fiction. Aujourd'hui, à l'heure de la télévision, il nous faut «voir»; et «holocauste» le film fait frémir. Il faut que nous passions par l'imagination pour qu'éclate la vérité, pour que l'histoire n'oublie pas, pour que la conscience occidentale se souvienne de ce carnage du premier quart du siècle. Les lettres sont là, puisqu'il n'y avait pas l'image, et elles s'approchent de vous, comme on met «au point», — nous y sommes —, une image.

Oui; la correspondance est le reflet d'une époque sans maquillage; on n'écrit pas pour plus tard, pour la postérité; on écrit pour demain. J'ai choisi des lettres, retrouvées dans un grenier et qui sont les témoins des premiers mois de la Grande Guerre. Cette guerre, dit grande, a été camouflée, obscurcie, par l'horreur des années quarante et ceux qui l'ont vécue, marqués dans leur chair, sont morts. Peut-être faut-il parler d'elle d'abord — on ne se souviendra jamais assez — pour comprendre ces lettres, et arrêter un instant notre attention sur toute cette histoire, qui est passée. Cette guerre a éclaté par un dimanche d'août, comme un coup de tonnerre.

Les historiens ont essayé d'en trouver la cause, ont donné une importance particulière à l'ultimatum de l'Autriche à la Serbie et pour nous encore aujourd'hui le nom de Sarajevo sonne comme un glas. Cause? Non — Prétexte, même pas; disons plutôt : déclic, qui a mis en route cette machine infernale appelée fatum. Sarajevo ou... la porte de Thèbes.

Raymond Aron, épris de synthèse même à l'intérieur du chaos de l'histoire, soucieux de l'idée générale et linéaire dans le dédale des faits, relève l'invraisemblable dans le déclenchement de cette première guerre née d'un «raté diplomatique». Aucun des principaux auteurs ne l'avait voulue, en fait, directement; c'est à l'époque de ce raté diplomatique que se situent ces lettres.

Pensant l'histoire, avec sa tête bien faite, notre philosophe explique la prolongation de la guerre dont les états-majors, des deux côtés — et les combattants! attendaient la conclusion en quelques mois, par un terme qu'il a dû savourer : la «surprise technique»...

C'est ce temps là que nous vivons; nous vivons avec les victimes de l'accident, du «raté» et de la «surprise» qui, eux, rejettent la faute, bien entendu, sur la seule «Allemagne éternelle»... Heureuses victimes qui ne savent pas que c'est l'Europe entière, cette guerre en entraînant une autre — qui va sombrer. Et puis, tout s'est enchaîné, avec, comme l'on dit pour les accidents de chemin de fer, un concours de circonstances. Souvent, avec le recul des ans, on plaque sur des faits passés des données nouvelles pour essayer de trouver un sens, de comprendre ce qui s'est passé, de chercher une cause, dans notre besoin de logique; pendant ce mois de Juillet 1914 tout est si confus, — il n'y a pas d'histoire du présent, l'histoire simplifie a posteriori —, que la France a reçu l'ordre de mobilisation, ce 2 août, comme de plein fouet, mais c'était une France bien différente de celle que nous connaissons aujourd'hui; le mot «servir» avait encore toute sa noblesse... Paul Fort écrivait à Lucien Guitry : «Ce que nous défendons, ce n'est pas notre esprit, ce sont nos terres, c'est le sol où nos beaux oiseaux ont fait patrie.»

L'Allemand était «la bête puante» : «Ce que nous défendons du blaireau, du putois saxon, prussien, mecklembourgeois ou bavarois et d'une horrible fouine à la mine chafouine, (il s'agissait du Konprinz) c'est le champ, c'est le sol.»

Cette notion de champ, et l'idée de l'honneur, deux mots que seulement la guerre de 14 a accolés, ne se retrouveront jamais plus.

«Toute la Gaule, continue P. Fort sent le ravage du nid, la France entière souffre aux blessures du Nord... Ce soir toute l'Ardèche a rêvé de l'Artois. Un sillon du Hainaut pleure dans le Dunois; on a frappé la terre; au loin répond la terre... En avant Bourguignons, Franc-Comtois, Béarnais, Gascons, Picards, Alsaciens et Lorrains, en avant Roi Albert et vous Joffre, en avant; ce que vous défendez ce sont nos terres».

Paul Fort écrit encore à Léon Bourgeois :

«La victoire de la Marne! Halte! et, dans la splendeur de l'automne empourprée, Joffre a laissé traduire aux clairons son beau cri, qui vole, matinal, de Verdun à Paris, sur le coteau, sous bois, au fleuve et par les prés. Halte en Argonne, vous général de Sarrail, halte au sud de Vitry-le-François, de Cary, halte au camp de Mailly, Foch et vous Maunoury, Franchet vous adextrant, halte sous la mitraille! Halte au pays de la Fontaine et de Racine. Ce n'est plus le moment de reculer. L'espace n'est plus au Sud, il est au Nord. Joffre interdit les regards trop en douce à l'air bleu du midi. Tous! Il faut vaincre ou se faire tuer sur place.

Officiers et soldats vous «rongiez votre frein» ? Un effort plus qu'humain se fera sur un ordre et se fera demain.

«Vous ne céderez plus un pouce de terrain. Au grand bal de la mort où Joffre vous convie qu'ils vont donc bien polker et mazurker les Boches... Il y va de la France, il y va de sa vie. Von Kluck s'arrêtera ici, le Konprinz là. Nos canons donneront aux rendez-vous choisis le ton bref que leur veut le généralissime. Serré dans son chandail depuis quelques semaines, il roule sous sa tempe un joli stratagème.

Vous, Castelnau, grand cœur, amant des hauteurs fières, dentelant de Nancy la couronne, avec foi, passez au 75 et repassez cent fois la gueusaille qui vient nous chercher par derrière.

L'ordre est partout. Et Joffre, homme, calme esprit clair, bleu regard celte, se donne de goûter un plan si réussi. Très doux, il voit monter les avions d'ici.

Deux races vont périr? Qui sur terre est de trop? le Germain? le Français? «*On sonne*» : d'Espèrey fait noter un succès. La culture latine égorge la Germaine.

D'autobus, de taxis, de camions, que vienne la grande inattendue, l'armée parisienne cahin caha — mais vienne! O général Boëlle, aidé de Maunoury, la victoire éternelle!...

Que l'armée de Bulow s'affale ainsi qu'un mur et les Wesphaliens choient comme des fruits mûrs, que l'on en tue par file...»

En termes que nous trouvons aujourd'hui bien ampoulés on voit comment l'état major se défendait contre le droit cartésien en recourant à l'intuition bergsonnienne, et les hommes avaient comme une confiance religieuse dans leurs chefs.

Déjà en 1940 ce ne sera plus le même état d'esprit; les hommes prendront leurs chefs, démocratiquement, comme des fonctionnaires élus, persuadés qu'on gagne une guerre totale pour des raisons économiques et politiques; ils penseront quant aux victoires militaires, que seule en décidait la supériorité de l'armement.

Mais revenons à Paul Fort :

Paul Fort continue : *Septembre 1914*

Août 1914

«L'Allemagne avec sa barbarie et ses Walkyries mit à feu et à sang, dans un bruit de fer la terre sensible de France; et nos armées battirent en retraite... Et c'était un mois d'août d'une surprenante beauté, qui faisait dire aux uns que la nature se moquait des hommes, aux autres qu'elles se faisait belle pour les héros, un mois d'août comblé d'or, comblé de fruits, avec des journées «angéliques» dont les crépuscules dessinaient soudain dans le Ciel au-dessus des petites villes pacifiques, de sanglantes chevauchées...»

Ce lyrisme nous confond; mais il traduit l'enthousiasme que l'on retrouvera tout au long des lettres qui vont suivre, lettres d'un ami, l'aviateur Jacques d'Arnoux, à mes parents, et lettres de ma mère, et lettres de mon père.

On hésite à comparer ces lignes avec celles de Sartre, écrivant dans ses carnets de guerre : «je sens déjà naître en moi, par horreur de faire partie d'une nouvelle élite munie de ses droits, l'élite "des mobilisés", la tendance à me mettre avec les civils contre les combattants...»

Sartre en parlant de la guerre avait peur «de faire de l'Alain Fournier, du "merveilleux"!»

Ce que vous allez lire c'est de l'Alain Fournier, du merveilleux...

Il y avait, bien sûr, au début de ce siècle, des antimilitaristes socialistes. C'était un socialisme qui essayait de supplanter la «force religieuse»; c'est ce qu'expliquait Gustave Le Bon dans sa psychologie du socialisme, c'est justement cette force religieuse que vous retrouverez dans ces lettres. Mais devant l'évidence, devant la psychologie du combattant, Henriette Psichari, la fille de Renan, elle-même écrit :

«Comment est-on arrivé à ce qu'un matin d'août 1914 à la gare de l'Est des femmes poussent elles-mêmes, dans un wagon, un grand fils qu'elles ne reverront peut-être jamais...

Même Péguy reniant son ancienne amitié traitait Jaurès, dans son célèbre "Cahier", d'agent du parti allemand!

Au fond, ce mot "patriotisme" nous mordait à vif et c'est sur lui que se firent les élections de 1914.

Comme on croyait que la Guerre serait courte, vu la puissance de notre armée on en arrivait à être satisfait quand un gars du village ne partait que le septième jour. La route était zébrée de femmes qui accompagnaient leur mobilisé jusqu'à leur train brouette»...

Comme nous sommes loin aujourd'hui de cet antimilitarisme socialiste! Un écrivain contemporain écrit : «le militarisme exilé des démocraties occidentales, est foulé aux pieds chez nous, mais il a trouvé une nouvelle patrie : l'URSS! Cette armée rouge, née dans la dissolution d'une armée tsariste aux sons de chants marxistes et antimilitaristes qui promettaient les généraux aux balles de leurs soldats, cette armée rouge est le plus puissant instrument militaire de l'histoire.» à vrai dire il ne s'agissait pas en 1914 de militarisme mais de patriotisme ce qui est très différent. Le patriotisme est une éthique, et c'est un problème qui se résout à l'échelle individuelle; il y a deux entités en présence : l'homme, et son devoir; alors les clivages droite, gauche, n'ont rien à faire là dedans.

Du reste, les problèmes sont tellement différents : parlez donc à Jacques d'Arnoux de l'«Occident», demandez à mon père fracassé par une balle allemande de s'indigner parce que la jeunesse de la RFA, aujourd'hui, fait des rassemblements pour la paix, «se couchant» devant les Russes!

Soixante-quatorze ans seulement ont passé. Il est aujourd'hui moins question de territoires que de liberté, bien que je vois encore ce dessin de Daumier (datant de 1871) montrant un casque à pointe dressé au dessus de l'Europe et qui cache le soleil de la liberté.

Aujourd'hui donc : la liberté : mais dans soixante-dix ans ! La liberté, dans quel contexte ? — élargissons : dans quelle civilisation ? — pourquoi faire ? La liberté perdue serait-elle alors un « manque » ?

Alors oublions tout du passé, de l'avenir, aujourd'hui c'est 1914. Le passé des autres va être votre présent. Soyons à l'écoute de cette correspondance. Nous allons nous aussi, lire comme par dessus une épaule ces lettres retrouvées. Elles ont été postées hier et vous, les jeunes, qui ne connaissez la guerre que par les livres... lisez ces lettres.

Chapitre 2

JACQUES D'ARNOUX

Jacques Arnoux, plus connu sous le nom de Jacques d'Arnoux, depuis un décret du conseil d'état datant de 1922, tombé du ciel le 6 septembre 1917, grabataire, paraplégique souffrit jusqu'à sa mort le 26 avril 1980, c'est à dire pendant soixante-deux ans et demi.

15 novembre 1915

Chère Madame et amie

... Ma blessure du vingt-cinq me laissera, je crois, un éternel souvenir; si je suis apte à tenir la tranchée, je ne pourrais pas faire une longue étape sans souffrir; de plus, par temps de pluie, de neige et de vent glacial, je ressens par moments des douleurs violentes. Mais le *principal* est que je puisse reprendre du service et attendre mon galon de sous-lieutenant qui va venir incessamment. Je passerai d'ici quelques jours au 62e régiment d'infanterie et vais être promu officier dans très peu de temps. Mais je pense toujours à l'aviation, le rêve de mes rêves; mais il me faut attendre un peu car en ce moment toutes les demandes sont rejetées, faute de cadres dans l'infanterie; quand nous sommes au repos, je m'occupe beaucoup de concerts, et je prête souvent mon concours. J'ai déjà lancé «Debout les morts» qui a un succès fou. Vous seriez bien gentille si vous pouviez me procurer «A la baïonnette en avant!» de Maurice Montal, de l'Odéon...

Autre chose : vous qui lisez beaucoup, quand vous trouverez une jolie poésie d'*actualité* qui puisse se dire ou se déclamer, ayez la bonté de me la faire parvenir, de préférence *lyrique* ou *pathétique.*

J'ai déjà quelques morceaux du poète Zamacoïs (sept ans — la tache — le responsable — faits de Guerre) qui ont eu, également, beaucoup de succès.

Mon adresse jusqu'à nouvel ordre est au 116ᵉ; si je passe au 62ᵉ, je vous tiendrai au courant.

Mes meilleurs baisers à Jacqueline.

Seignelay, 18 déc. 1915

(à mon père)

Me voilà enfin arrivé à Seignelay où je pense passer plus d'un mois car «ces abrutis» m'ont imposé quarante-cinq jours de convalescence, et, il faut les avaler le plus facilement possible.

Pour votre incorporation au 116ᵉ comme sous-lieutenant, j'attends la réponse de mon père. Comptez sur mon empressement à vous en avertir.

Aspirant Arnoux, 116ᵉ S 83 *20 février 1916*

à ma mère

Comme c'est gentil à vous de penser à moi et de m'avoir envoyé la vie d'Ernest Psichari. Comment pourrais-je vous remercier assez de m'avoir fait connaître la conversion d'une si belle âme! Je savais, en effet, que Psichari était tombé glorieusement au champ d'honneur, à la bataille de Charleroi, en août 1914, mais j'ignorais sa vie sublime! toute de noblesse et de candeur, de sacrifice et d'abnégation, *sa vie toute d'expiation!* Heureusement, son magnifique exemple rachètera les fautes de ce «terrible Renan» et fera autant de bien à la France que ce dernier a fait du mal! Combien ce Psichari différait des jeunes gens de notre siècle... «jeunes gens blasés! dégoûtés, errant sans convictions, sans principes, dans les jardins empoisonnés du vice; jeunes gens sans foi, sans espérance, sans idéal, se vautrant dans la débauche, poursuivis par d'obscurs remords!!!

Hélas! que n'avons-nous pas plus de Psichari pour s'écrier comme lui, dans une effusion brûlante : «Je veux de tout mon cœur la pureté des vierges et des martyrs, je veux leur humilité, je veux leur chasteté qui les ceint et la piété qui les couronne, je veux leur grâce et leur force... je ne m'arrêterai pas!!»

Ah! si cela était, nous n'en serions pas là à souffrir, à pleurer et à expier!

Pauvre France! Si au moins elle voulait profiter de cette épreuve pour se laver de toutes ses souillures et en sortir purifiée et régénérée!! Le sang de toutes ces nobles victimes ne serait pas une rançon trop onéreuse, mais il faut qu'elle le veuille!!...

L'union sacrée laisse tant à désirer en ce moment!! et les mœurs de l'arrière sont vraiment trop scandaleuses!

Je crois, chère Madame, que notre devoir à nous, catholiques est de prier beaucoup pour la France, car Dieu seul peut nous secourir et nous refaire une France nouvelle!»

Allons; je vais vous quitter pour aller déjeuner; je vous tiendrai au courant de ma situation. je vais tâcher de faire la chasse aux corbeaux après la chasse aux Boches, et je passerai sur les oiseaux ma rage sanguinaire en attendant de l'assouvir pleinement dans la prochaine «Grande offensive».

Mais cette lettre a surtout pour objet de vous témoigner mon immense gratitude... Que puis-je faire? Donnez-moi une idée; les paroles les plus affectueuses ne sont que des paroles.

Vous m'avez réclamé les «Pensées de Pascal» ? Pris très à court j'ai déposé le livre chez votre cousine qui vous le remettra.

J'ai trouvé dans votre délicieuse famille les charmes séduisants de la parfaite entente et la gaité intarissable dont «Jacqueline» est la source la plus féconde.

Jack

Aspirant Arnoux *3 février 1916*
116e au front — Secteur 83

Chère Madame, Mon cher Bob,

Me voilà enfin au front! Après quatre mois et demi de repos je me retrouve devant Tahure où il ne reste plus pierre sur pierre!!

Les Boches, furieux de leur échec du 25, veulent nous rendre la vie intenable en nous *bombardant jour et nuit*, mais ils ne connaissent pas encore les ressources d'endurance et de tenacité que possèdent nos Bretons!! Nous craignons une attaque pour cette nuit... Qu'ils y viennent! Ils trouveront à qui parler... J'espère que ma jambe ne me gênera pas trop dans l'exercice de mes fonctions; je n'ai fait que passer au dépôt, craignant d'être soumis à un examen médical où l'on m'aurait peut être considéré inapte à repartir. Mais maintenant que je suis à Tahure, ils peuvent courir après moi si le cœur leur en dit!! Je dois passer très prochainement sous-lieutenant au 62e d'infanterie.

Mille baisers à Jacqueline, cent à Jacques...

Jack

15 février 1916

Chère Madame,

Pensez-vous au fameux monologue de Montal «En avant à la baïonnette». Montal est aussi l'auteur de «Debout les Morts» Ici nous sommes dans la boue jusqu'aux genoux; il ne cesse de pleuvoir; souvent il gèle à pierre fendre. Enfin, c'est toute la gamme des misères du pauvre poilu, car en plus du mauvais temps, nous sommes très souvent bombardés et nos abris s'effondrent, ensevelissant les hommes... Le moral est intact; nous attendons encore l'heure de la grande offensive!! J'ai eu mes vingt ans hier. Excusez ma précipitation, mais j'entends une fusillade...

5 janvier 1916

Mon cher Bob,

Je vais faire tout mon possible pour entrer dans l'aviation le plus tôt possible! Je voulais te demander un petit service : je voudrais faire venir de Paris un manuel sur les moteurs, que m'a indiqué un de mes amis qui est pilote très expérimenté; c'est le manuel du mécanicien — auto-aviations — à la librairie 52 rue des Sts-Pères. Peux-tu me l'envoyer à Seignelay? Je suis passé hier encore à la commission de réforme. Ces «ahuris» m'ont encore donné quarante-cinq jours de convalescence. J'ai réclamé mais me suis fait sortir.

Je ne rêve que d'aviation; les sensations exquises sont celles de l'envolée et de la descente des cieux. Quand vous avez roulé 200 m à une allure vertigineuse, l'appareil décolle, puis se cabre, et pique vers les cieux et alors, c'est l'envolée sublime vers les régions sereines!!! Je m'arrête, car je m'emballe!!

Pour changer de conversation. J'ai reçu aujourd'hui une lettre de mon cher père m'annonçant une très bonne nouvelle : je suis décoré de la médaille militaire à la date officielle du 4 novembre dernier et comme la médaille militaire entraîne la Croix de guerre avec palme, je vais donc avoir deux citations.

Seignelay — Décembre 1916

Mon cher Bob,

Me voilà à la fin de ma convalescence; dans huit jours je serai au front. Je ferai alors jouer tous les ressorts, j'aurais recours à toutes nos relations pour que ma demande d'aviation soit agréée...

Ah! quand pourrais-je réaliser le rêve de mes rêves!! Je suis toujours aussi fou d'aviation!

J'en rêve la nuit : je fais des raids au dessus de Paris.. je fais des reconnaissances aériennes au dessus des lignes allemandes etc...

Et toi Bob? Ta maudite jambe? Il paraît que tu es venu à Seignelay en mon absence... Mille baisers à la délicieuse Jacqueline...

Jack

17 nov. 1916, 19[e]

Chère Madame,

Hier *j'ai volé pour la deuxième fois* au-dessus du Bourget et des fortifications. Je regrette de ne pas avoir donné le baptême de l'air à Bob. Mon ami Lucien Heill, caporal aviateur, a été charmant pour moi; il m'a emmené en auto au Bourget, et m'a fait voler pendant une heure et demie. Comme j'étais à 800 m d'altitude, l'appareil vira sur l'aile et j'aperçus devant moi le Sacré-Cœur de Montmartre tout resplendissant de lumière, car le soleil venait d'apparaître entre deux nuages... je suis revenu, enthousiasmé de ce raid... C'était féerique!»

Les caractères d'imprimerie ôtent à ces lettres bien de leur vie ; écrites à la plume ce sont de véritables dessins. Nos stylos actuels, quand ce n'est pas le stylobille, dépersonnalisent l'écriture ; et que dire alors de la machine à écrire qui arrive à enlever toute saveur à une lettre.

Les lettres de Jacques Arnoux sont écrites à la plume, et à l'encre noire. Les «t» sont barrés avec vigueur par un plein, comme l'on disait autrefois, qui ressemble à un gros sourcil froncé. Quant aux nombreux points d'exclamation, ce sont de grosses larmes ; larmes de joie, larmes d'indignation ; les deux becs de la plume ont dû s'écarter sous la pression vigoureuse de la pensée et du poignet, et l'encre a coulé comme un fleuve noir.

Les points de suspension eux-mêmes ne sont pas une invitation au rêve mais vous incitent vigoureusement, le temps — l'espace plutôt — qu'ils s'égrènent, à rectifier votre position et à donner immédiatement votre accord à ce qui vient d'être dit...

En retrouvant ces lettres soigneusement ficelées dans un papier poussiéreux je n'ai pas voulu conduire le lecteur au musée mais au contraire lui montrer la vie puisque tel est le propos de mon livre.

Je sais bien : il n'en croira pas ses oreilles ; le temps qui passe insidieusement détruit tout, change les mentalités... En soixante dix ans !

Barthou disait de Foch : «Personne ne lui a jamais reproché d'avoir de la morgue ou même de la vanité ou même de la fierté ; il portait avec la plus souriante simplicité dans laquelle il n'entrait aucune coquetterie de modestie feinte, la plus grande gloire qui fut au monde. Mais tout au fond, il était impérieux, impétueux, et pourquoi ne pas le dire, cassant.» Ce pourrait être le portrait de Jacques Arnoux qui «faisait la guerre» avec pour reprendre l'expression de Barthou «une ténacité confiante, une volonté que rien ne pouvait laisser abattre, avec la certitude absolue que cette fois il s'agissait pour la France de vaincre ou de mourir... Oui, de mourir, de disparaître de la carte des grandes nations, d'être reléguée au second rang, d'être dépossédée, par une affreuse et irréparable disgrâce, du rôle que lui avait assigné, sous l'Ancienne Monarchie, sous la Révolution et sous l'Empire, son ardeur héroïque, sa passion civilisatrice et l'unité d'un idéal généreux qui d'un siècle à l'autre, à travers tant de vicissitudes intérieures et de contradictions apparentes, en avaient fait le flambeau du monde».

J'ai tenu à citer ces quelques lignes de Louis Barthou dans ses «Promenades autour de ma vie», ne serait-ce que pour les derniers mots. Jacques Arnoux aurait multiplié les points d'exclamation avec sa grosse encre noire, il aurait ajouté les points de suspension nécessaires pour attendre votre accord. Il a été un flambeau, cette «lumière qu'on ne met pas sous le boisseau» dans le ciel de France jusqu'à la victoire.

Henriette Psichari, traumatisée par la mort de Jaurès, parle de la «mentalité de Quatorze»... tentée comme l'avait été Jules Guesde, Edouard Vaillant ou Marcel Sembat, par un internationalisme qui, lui aussi, mais oui, avait des aspects généreux.

Mais, mentalité de quatorze ou pas : oui, j'admire, vous lirez sa lettre — j'admire mon cousin — qui annonce la mort de son fils, j'admire l'abnégation d'un Guynemer, d'un Funck ou d'un Jacques Arnoux... Ce n'est pas de la littérature, ce sont des morceaux de vie, c'est non pas du passé mais du présent.

Ne cherchons pas de comparaison avec notre époque, nous servant de tous les poncifs et lieux communs qui n'ont que l'intérêt d'être parfois heureusement formulés.

Vous lirez aussi les lettres de ma mère : Son enthousiasme juvénile peut, peut-être, prêter à sourire; elle écrivait à son mari «sous les drapeaux», sans bien savoir à quoi correspondait «le front», depuis le village d'Hauterive, entourée de ses deux jeunes enfants. Elle avait vingt-neuf ans. Un quart de siècle plus tard, depuis Hauterive, mes deux enfants autour de moi, j'écrivais à mon mari mobilisé — je n'emploie même plus l'expression «sous les drapeaux». Que peuvent bien contenir mes lettres, en admettant que quelques unes aient rejoint leur destinataire à un bien incertain secteur postal... Elles sont enfouies sans doute au plus profond d'une forêt vosgienne avec le journal de Gide et les poésies de Mallarmé dans une cantine rouillée.

Les lettres que vous allez découvrir ont l'intérêt d'être un présent : ceux qui les ont écrites ne savaient rien de ce temps non encore déroulé. Le passé, on en a tant qu'on veut : il n'y a qu'à puiser dans les manuels d'histoire. Mais le présent est si fragile, si éphémère, qu'il faut le prendre dans le creux de la main et le respecter comme une pierre rare; le temps a été morcelé en passé, présent, futur pour que les hommes s'y reconnaissent mais ce qui est, ne peut être que présent et c'est admirable de penser que cela est, que ces lettres sont en train d'être écrites pour parler comme les anglais.

Ces lettres sont sûrement d'aujourd'hui car je les «entends», et ce qui est parlé ne traverse pas soixante-dix ans, on n'entendrait plus rien; je ressens en les lisant le choc de la voix; vous allez écouter le timbre de voix de ce père quand il prononce le mot Argonne, cette forêt que le régiment de son fils a défendue pied à pied et où il est mort. Argonne, comme un sanglot qui reste dans la gorge. Aucun livre même lorsqu'il relate un discours n'a produit en moi la modulation d'un son; car ce n'est pas la vie et ce n'est pas aujourd'hui. La voix est chaude, elle est présente. Je lis souvent tout haut les lettres que je reçois : c'est une conversation.

Et la main; la main trace les lignes, se soulève à la virgule, s'appuie à un point et suit les volutes de la pensée en arabesques. Ce n'est pas une main morte croisée sur une poitrine, mais une main vivante qui de gauche à droite s'appuie au papier...

Les dates font peur : août 1914, novembre 1915; elles inspirent le respect...

Tout naturellement nous nous trouvons au début de cette guerre, et, nous espérons comme Henriette Psichari, que ceux qui ne sont appelés que le septième jour n'auront pas à partir, que les Allemands vont capituler... nous ne pouvons pas leur dire que cette boucherie durera quatre ans, qu'il y aura Verdun, alors nous nous débarrassons de tout ce que nous savons. C'est cela vivre le présent d'une lettre, avec au dessus de nos têtes un ciel de France immensément bleu d'où tomberont jusqu'au sol les avions allemands comme des éphémères.

Jacques d'Arnoux promènera pendant de longues années — et voilà que j'emploie le futur pour ce qu'on pourrait considéré comme passé —, son corps disloqué dans les couloirs du Val de Grâce. Il écrira «Paroles d'un revenant» et un livre qui nous étonnera : «Les sept colonnes de l'héroïsme», allusion aux sept colonnes du Livre de la Sagesse. Après avoir vécu l'héroïsme dans le ciel, sur son lit de douleur, dans son fauteuil il a voulu tout savoir de ce maître; son livre est une ode savamment orchestrée, une réflexion philosophique : mais c'est dans ses lettres qu'il est lui-même, barrant fortement son T quand il écrit «nous tiendrons» devant ce Boche qui est pour lui Lucifer, mais s'adoucissant à la fin de la missive pour embrasser la petite fille que j'étais.

... Morceaux de vie

Chapitre 3

QUELQUES CHOSES QUE NOUS SAVONS DE LUI...

On a dispersé l'année passée à Drouot les lettres de St-Exupéry... Mais je ressens un malaise à cette dispersion même si des historiens en recueillent les restes; ils vont les mettre dans leurs petits tiroirs, leurs petits chapitres, ce qui n'entrera pas bien, au besoin on le poussera un peu, on le rendra éditable, vendable... la société de consommation s'en chargera.

Antoine et Jacques auraient pu dire ensemble : «nous avons goûté, aux heures de miracle, une certaine qualité des relations humaines. Là est pour nous la vérité».

Cela fait quarante-quatre ans, un 31 juillet 1944, que disparaissait St-Exupéry. Destin comparable à celui de Jacques d'Arnoux; St-Exupéry comme Jacques d'Arnoux, après l'action, sentait le besoin d'écrire : «Je ne veux pas toucher le lecteur, disait-il, je veux l'envoûter». Comme Jacques d'Arnoux, trente ans plus tard St-Exupéry, selon l'expression de Malraux «tentait de donner conscience aux hommes de la grandeur qu'ils ignorent en eux»; comme J. d'Arnoux il était également de ceux — comme l'exprime si bien Jules Roy — «qui ne croient à la vertu des mots que lorsqu'ils y engagent leur vie en otage.»

Son époque décevait St-Exupéry, comme elle decevait son aîné. St-Exupéry disait «l'homme y meurt de soif»...

Il faut lever les yeux et comprendre; je crois que l'avion dans ces temps héroïques révélait l'homme, comme l'outil révèle l'ouvrier.. Pour Antoine comme pour Jacques, métier et vocation c'était tout un «Fuir, voilà l'important».

Et écrire. Car c'est peut-être fuir aussi, en ne retenant que l'essentiel. Et pour nos deux aviateurs, l'amitié compte plus que tout. St-Exupéry écrit : «Rien ne remplacera le compagnon perdu, rien ne vaut le trésor de tant de souvenirs-communs, de tant de mauvaises heures, vécues ensemble; on ne reconstruit pas ces amitiés là.»

Ces lettres que vous venez de parcourir du grand aîné de St-Exupéry, sont pour vous, lecteur; c'est vous qui avez découvert ces lignes qui n'ont pas été mises à l'encan; et s'est dessiné, entre les violentes barres des T, les points d'exclamations charnus, celui qui, parce qu'il était «pour» — je parle de la France — n'a jamais hésité à sacrifier sa vie. Un surhomme, lui, sans doute mais pas comme Zarathoustra qui compte sur ses seules forces, un homme qui réalise aussi sa pleine humanité mais avec l'aide de Dieu.

Jacques d'Arnoux pense à Nietzche et le combat; il imagine que l'écrivain s'adresse à lui (dans les Sept Colonnes de l'héroïsme) «Niestzche se jeta vers moi : "Où es ton Dieu!" Nous l'avons tué!, et s'il y avait un Dieu comment supporterai-je de n'en être pas un.» Ces assertions n'ont pu mener qu'à la folie.

On essaye aujourd'hui de réhabiliter «le surhomme», d'expliquer que loin d'être dans sa dimension nouvelle un fou d'orgueil il est l'accomplissement de l'homme portant au plus haut degré toutes ses facultés d'être.

Mais comme Jack d'Arnoux est plus humain! Promenant pendant de longues années sa carcasse disloquée à l'hôpital militaire, il écrit : «Quand j'erre solitaire dans les jardins du Val de Grâce, je m'envole en esprit vers les campagnes de ma Bourgogne; je veux revoir mon pays natal. Revenu vers mon berceau je retrouve les peupliers géants où nichent les corneilles, les tiercelets immobiles tout un soir sur les vignes, j'entends l'appel du coucou introuvable et le songe de cet oiseau qui prend les nuits d'été pour des aurores...»

Le voilà, notre surhomme, fait de chair et de sang, de tendresse, et qui ne demande plus, après les envolées vertigineuses dans le ciel, les «piqués» meurtriers, que la douce horizontalité, à peine gonflée de coteaux, de cette terre natale pour laquelle il a combattu. Et il regarde, même s'il ne peut plus marcher, cette terre qui s'étend devant lui comme une femme et il dira : «Je voulais me guérir : j'ai transformé en poésie la réalité de mon mal.» Ce surhomme, ce héros ne sombre pas dans la folie, lui, mais dans l'équilibre, car sa mesure ne lui est pas dictée par lui-même, mais par un Autre. Nietzche n'a pas tué Dieu. Il est là.

«Que de fois», ajoute Jack me suis-je installé dans ma chaise longue avec cette vision : je monte, casqué, dans mon avion; aujourd'hui je ferai cinq heures de chasse et chercherai à tout instant le combat implacable. Puis je partais à plein Moteur, je décollais et d'un suprême essor, je gagnais le plein ciel. Alors commençait la chasse inexorable, nerfs tendus, muscles durcis contre les balles, ma furie prête pour l'attaque. Une idée rayonnante surgissait-elle, je la poursuivais à balles lumineuses. Même tactique pour un souvenir, une image qui me fuyaient. Mon effort me semblait doux après la chute en flammes...»

Mais le retour à la réalité était un retour à la sérénité; dans le grand jardin de Seignelay, Jacques d'Arnoux ramenait sa couverture sur sa jambe morte. C'était alors le clocher de l'église qui parlait et égrenait les six coups de six heures.

Marguerite Yourcenar prétend qu'un jeune pilote des avions «suicide» japonais aurait fait de poétiques adieux à la vie, avant le départ sans chance de retour; c'était en 1945; il avait vingt-deux ans.

Si seulement nous pouvions tomber
Comme les fleurs du cerisier
Si pures, si lumineuses.

et la grande romancière ajoute : «On imagine mal chez nous les "as" de la première guerre mondiale, sortant de ce monde en se comparant à des fleurs qui tombent». On ne l'imagine même pas du tout; la mentalité orientale nous est tout à fait étrangère. Nos «as» de la grande guerre avait le sens de la grandeur de la vie. L'homme fait pour Dieu n'est ni un végétal, ni un pétale de fleurs, et, c'est cet homme là que les héros de la guerre offraient pour la patrie; un homme libre, qui choisissait son destin, un homme qui est animé par une volonté, un homme qui concentre ses forces vers un but. Et Jacques d'Arnoux écrit : «Je compris ce mot de Foch à un général pendant la guerre : "Si vous retraitez vous ne savez pas jusqu'où vous retraiterez, vous serez emportés comme des fétus", car à force de battre en retraite on finit par ne plus croire à la victoire et cette défaite de l'espérance est la pire.»

«La noblesse de l'échec» dont parle la grande japonisante nous est incompréhensible : tout doit être mis en œuvre pour la réussite car ce qui compte c'est le but et non l'exploit en soi.

Il est vrai qu'aujourd'hui le mot patrie, qui est le même que le mot Père, a été remplacé par celui d'hexagone qui n'a rien d'exaltant.

Pour réussir il faut être efficace et J. d'Arnoux parle de «simplifier l'effort» et «l'enchanter» par la «certitude du succès». Enchanter l'effort!

«Eviter les coups d'ailes inutiles, les zones de dépression et d'orage. Pour ménager le combustible, utiliser les courants aériens, pour épargner le moteur, en alterner le rythme.

Le vent est-il propice? Trouver aussitôt l'altitude où il entraîne le mieux. S'il ne l'est pas, l'altitude où il résiste le moins. On ne trouve pas toujours un libre passage dans la tempête. Il faut parfois foncer dans le mur noir... s'accrocher aux commandes, les yeux fixés sur le compas et "tenir, tenir" aveuglément interminablement.»

Ces conseils peuvent faire sourire, à moins qu'ils n'émeuvent, en cette fin de siècle... L'homme devait alors se battre, et de sa *valeur morale* dépendait l'efficacité de la machine. Oui. Sourire ou admirer.

Dans la guerre aérienne toute la force d'un chasseur dépendait de sa volonté combative et cette volonté même, de son enthousiasme. C'est la flamme qui emportait la victoire.

Celui qui prenait son vol sans être inviolablement résolu à la bataille n'attaquait guère l'ennemi, on se défendait mal. L'isolement, la surprise de l'imprévu, l'angoisse du choc, la dépression physique due à l'altitude, au froid, à l'émotion, tout concourait à détendre son énergie. Cet aviateur qui perdait au moins ce que l'altitude retire à son moteur — 30/100 de sa puissance —, jamais ne compenserait cette dépression,... s'il n'avait accumulé en lui un excédent de vitalité et de courage.

Pour faire de grandes choses, il faut marcher à travers tous les contretemps vers un seul but.

Et Jacques d'Arnoux reprend :

«Oui! en finir avec le monstre! Cette force d'extermination m'attire comme une délivrance. Je songe à ceux qui l'ont tenté magnifiquement dans le corps à corps avec la peur, à nos vainqueurs de la guerre des nues, quand le monstre les enlaçait de ses froids tentacules. Je pense à notre Nungesser qui dénonçait comme un danger de mort la précipitation du tir et qui, dans ses joutes aériennes, pour triompher de cette peur, devait recourir à «la rage». Qui se dépêchait trop, disait-il ne pouvait pas vaincre, était fatalement tué...

Et Guynemer, notre Campeador! Dans la rencontre qui suivit sa première blessure, surpris par une frayeur insolite, il sentit qu'entre lui et le monstre la bataille devenait décisive, qu'il fallait ce jour même vaincre ou mourir. Jouant le tout pour le tout, notre Guynemer se donna l'ordre de ne pas tirer et se laissa mitrailler de cinq cents balles. Voilà ce que notre Campeador fit pour dompter ses nerfs!

«J'ai combattu à mort. Dans la guerre aérienne, l'art du chasseur est de se tenir dans l'angle mort de l'adversaire, de ne jamais se laisser prendre dans son champ de tir... Arrive-t-il d'être touché, l'aviateur, alors, blessé en plein vol, se durcit dans une rage placide, et s'arrache aux vertiges de l'évanouissement en dardant son esprit et ses sens sur tous les objets qui peuvent le réveiller : les instruments de bord, les villages lointains, le vrombrissement du moteur, ainsi toujours soutenu de ses muscles comme d'une armure d'airain, il lutte corps et âme contre l'impression meurtrière»...

La revue «Autrement» a publié en avril 1984 un numéro qu'elle a appelé : les héros de l'économie.

Je veux bien; l'économie prime tout; c'est «notre» civilisation. Mais le mot héros m'indigne. Il fallait un titre accrocheur pour des lecteurs qui ont la passivité du pachyderme et l'auteur a du être ravi de l'effet que produiront les deux mots accolés : héroïsme et économie. Oui, je sais ce qu'il veut signifier; il veut glorifier l'esprit d'entreprise dans une conjoncture où il est plus facile de se couler dans un moule et de ne pas prendre de risques... d'argent.

Ne profanons pas ce beau mot : un héros? Non; une star plutôt comme ce jeune fondateur américain d'Apple Computer, Steve Jobs, qui a vingt-neuf ans aujourd'hui n'accorde des interviews aux journaux que... moyennant finances!

Je pensais que le mot héroïsme ne trouverait aujourd'hui que de rares emplois; mais il ne faut pas oublier de citer tous les hommes qui résistèrent de 40 à 44, et ceux qui aujourd'hui s'opposent, d'une façon ou d'une autre, à la tache d'huile soviétique! sans oublier ceux qui consacrent leur vie pour soulager les détresses du Tiers monde.

— Nous sommes loin... de la Marne.

«La Marne», écrit Jacques d'Arnoux, tout mon être frémit au souvenir immense». Le général von Kluck lui-même, rend l'hommage le plus prodigieux qu'un chef d'armée ait jamais rendu à l'Ennemi Vainqueur, et ses paroles retentissent dans mon souvenir comme une clameur d'apothéose : «Que des hommes, ayant reculé depuis des jours, que des hommes, couchés par terre et à demi-morts de fatigue, puissent reprendre le fusil et attaquer au son du clairon, c'est une chose avec laquelle nous n'avons jamais appris à compter, «c'est une impossibilité dont il n'a jamais été question dans nos écoles de guerre.»

Jacques d'Arnoux se souvient de Thépin dont personne ne parle plus.

«Ah! Thepin! le héros du Bois-Brûlé. Le voici dans la forêt d'Apremont. L'endroit est presque dénudé et il s'avance devant les fusils allemands. Un officier lui montre les Allemands tout proches et lui fait signe de se baisser. Mais lui n'a pas l'air de comprendre : «On m'avait chargé de savoir où se trouvait l'ennemi. Il fallait bien que je reste debout, pour qu'ils me tirent dessus et que je voie d'où partaient les balles».

Et le caporal Marche à Verdun! Toute liaison était coupée entre les assiégés et la brigade; tous sombraient dans la tornade de feu. Q'importe! Il s'élance dans la zone foudroyée... Frappé à mort, il se sait perdu, mais il refuse de mourir là; il veut donner à son cadavre une attitude extraordinaire qui soit vue de loin et puisse sauver ses frères. Il se traîne alors à un carrefour, bien en vue, couché sur le dos, son bras gauche serrant son ventre sanglant et son droit prodigieusement raidi, dressé vers le ciel, tenant dans sa main crispée le pli remis par son colonel».

Suprême volonté d'un moribond qui fut exécutée. Peu de temps après, quelqu'un passa par là, et comprit. Le pli fut aussitôt saisi et porté à destination. Les renforts arrivèrent et la ligne fut rétablie...

Je pense à mon Sarcellot, à Jean Moulin, à tous les autres, moins de 30 ans plus tard. Héroïsme pas mort. Mais j'admire les héros de l'aviation en ce temps où l'homme était plus fort que la machine!

«François de Marnier! Quel pilote recevant en plein vol un projectile qui lui coupe le pied ne lâcherait pas les commandes! Lui... non... Son pied gauche est sectionné en deux au moment où son avion arrive à la verticale sur l'objectif : les ateliers de la marine allemande à Ostende où se construisent les sous-marins. François? La partie antérieure de son pied gauche ne tient plus au talon que par un lambeau de chair. De son moignon sanglant, il s'efforce de virer à gauche... Excédé de douleur, il arrache son bout de pied et le tendant au bombardier : «Prends le, dit-il, tu auras un projectile de plus à lancer!

Son compagnon, terrifié, ne peut croire au sauvetage; laisse moi prendre les commandes, demande-t-il; je tâcherai de m'en sortir.

Mais lui, badinant : tu pourrais capoter, tu serais capable de me blesser ; sois sans crainte, je garantis le retour». Et toujours évitant les salves, il vole trente-cinq minutes encore, jusqu'au champ d'aviation où il retrouve, pour atterrir, toute sa virtuosité. Le fond de la carlingue était une baignoire de sang.»

L'héroïsme réside moins dans la nature des actes que dans la manière de les accomplir ; un héros ne se résigne pas, il s'élance ; et Jacques d'Arnoux sur sa chaise longue, la colonne vertébrale broyée, dans le beau jardin de Seignelay, devant la maison longue et basse de briques roses, s'élance à la poursuite des mots, à la poursuite des souvenirs ; lui non plus n'accepte pas, il informe pour entraîner, et, quand le courage consiste à ne pas agir, son abstention même est un ardent vouloir.

La lecture de ces lettres, de ces récits, fait sortir la belle figure de Jacques d'Arnoux peu à peu comme un révélateur ; et commence maintenant la longue montée de la réflexion. Le pied coupé qu'un aviateur jette comme un projectile, ces «coucous» comme on les appelait, ce matériel si sommaire, à l'heure des missiles et des exocet nous plongent dans un passé que les plus jeunes ont peine à concevoir. Dans ce binome de l'homme et l'avion, la machine ne valait que parce que valait l'homme. C'était le temps du sacrifice...

Les lettres de Jacques d'Arnoux sont bien les paroles d'un Revenant, revenu de l'Enfer qu'il appelait le Ciel mais pour une vie où le présent devait s'effacer devant le souvenir. j'ai vu Jacques d'Arnoux en 1930, douze ans après l'armistice ; il était encore au Val de Grâce, cet hôpital militaire dont le nom est si connu que nous n'entendons plus le sens des mots. Val de Grâce nom doux et reposant comme une béatitude ; nous oublions qu'à la demande d'Anne d'Autriche les moniales de cette vallée — un affluent de la Seine, la Bièvre sans doute — étaient venues s'installer rue St-Jacques.

Jacques d'Arnoux a eu une très longue convalescence ; il est mort il y a peu d'années et repose dans le petit cimetière de sa chère Bourgogne.

«Paroles d'un revenant» sont celles de toutes les lettres que vous allez relire avec émotion, après de longues années : Celle de ce père meurtri qui déplorait la mort de son petit Roger dans la forêt d'Argonne et qui a perdu son fils Jean, tué quelques mois plus tard après sa première blessure.

Ce père blessé, non dans sa chair, lui, a traîné la convalescence de son âme toute une longue vie, gardant dans son cœur ses deux fils qu'il imaginait sans doute, à mesure que les années passaient, fondant un foyer, entourés d'enfants.

Paroles de ma mère qui s'enthousiasmait pour notre belle France et conseillait à son mari impatient de combattre, d'étudier le dictionnaire anglais; elle devait vivre quelques mois plus tard aux côtés de mon père souffrant sur son lit d'hôpital, la jambe traversée par une balle,... et que l'on soignait avec de bonnes charpies...

Vous serez saisis, en lisant ces lettres, à travers la souffrance et le désarroi, de déceler une très grande fierté, un attachement au pays sans mesure, quelque sacrifice qu'il demande; ces missives, ces cris du cœur des tout premiers mois de la grande guerre en disent long sur ce qu'on appelait le patriotisme qu'on a fait, habilement, plus tard, dévié en nationalisme. Etait-ce l'expression d'une certaine classe sociale qu'on pourrait appeler les «Barrésistes?» Certainement pas : cette classe sociale n'aurait pas suffit à remplir les wagons de bois qui quittaient la Gare de l'Est en 1914; et ces milliers de bras qui s'agitaient à la portière étaient pour la plupart des bras d'ouvriers. Bien sûr, il y a eu à ce moment ceux qui ont considéré Jaurès comme la première victime de la guerre et Péguy et Ernest Psichari comme des renégats; Mais devant le malheur commun ces voix se sont tues.

Les lettres que je vais encore reproduire ont ce petit côté des préoccupations journalières et c'est ce qui leur donne la vie, mais la grande affaire reste celle de la Patrie.

Autre temps. Michel Debré écrit aujourd'hui : «Est-il désormais interdit de prononcer ce mot de patrie? A écouter les discours officiels et même les récents propos du chef actuel du gouvernement à l'adresse des élèves-officiers, il semble que ce mot soit banni du langage. Est-ce par pudeur? A la réflexion, c'est plutôt une manière d'éviter une valeur qui définit assez clairement en politique où est le bien et le mal. Et il est tellement tentant de se laisser aller aux circonstances!»

J'ai été frappée en relisant le journal de Gide portant les dates qui font frémir aussi de mai 1940, juin 1940. Les préoccupations personnelles dominent; à peine une phrase comme lancée à la cantonade sur les moments de cette époque qui sont, je cite «certainement historiques!»

D'autres lettres vont tomber sous vos yeux, lettres de ces mois d'août et septembre 1914, témoins de ce coup de foudre après l'assassinat de Sarajevo, que fut cette invasion allemande au temps des moissons.

Alors d'autres «revenants» arrivent et je vais les laisser parler car ce sont ces mois douloureux qu'ils rendent à la vie.

Je n'essaie pas de reconstruire un passé mais ces lettres vous le livreront tel qu'il fut vécu par les acteurs et les spectateurs, sans chercher moi-même un sens à ces événements à la lumière des événements qui les ont suivis. Bien sûr le lecteur interprétera lui-même à sa façon, le passé qui peut être prendra un autre sens pour lui, car, au-delà de l'originalité de l'événement, il cherchera à le placer dans un ensemble.

La lettre livre le fait brut, une sorte de matière première que nous ne pouvons pas nous empêcher de transformer, et de transformer en fonction de nous-mêmes, car nous avons tous en nous-mêmes, le fil conducteur non seulement d'une certaine idéologie mais de nos références.

Ne jugeons donc pas en témoins du temps qui s'est écoulé depuis cette période douloureuse que certains n'hésitent pas à qualifier de «stupide» oubliant l'enjeu : le recouvrement de nos belles provinces de l'Est.

Bien sûr, voir aujourd'hui le Chancelier allemand Kohl, sous notre soleil bourguignon, admirer Sainte Madeleine de Vézelay est réconfortant et le mot «bête puante» nous gêne. La guerre fait rage dans d'autres pays : défenses de territoires, enjeux idéologiques... Les «raisons» de ces carnages, dans cent ans, sembleront elles aussi dérisoires ?

Que faut-il penser de ceux qu'on appelait autrefois les objecteurs de conscience et qui sont devenus des «obcos» ? Ils sont très prisés actuellement par des associations qui les emploient sans rétribution en une sorte de service social.

Vous allez avoir ces lettres «de première main»... ou de seconde.

Chapitre 4

LETTRES DE MA MÈRE À MON PÈRE MOBILISÉ

Hauterive
Jeudi 6 août 1914

Au maréchal des logis L.
service du ravitaillement à la disposition du ministre de la Guerre
Mission spéciale — 13e d'artillerie

... Nous n'avons guère de nouvelles, mais elles sont plus rassurantes ; pourvu que notre France sorte encore grandie de cette agression sans nom et que Dieu nous ramène ceux qui nous sont chers.

Des ambulances s'organisent à Seignelay auquel nous prêtons argent, lits, linge... et nous-mêmes. Tout le monde travaille pour la Patrie. Et le courage est partout ; moi je prie pour toi et le soir, à huit heures, ma pensée rejoint la tienne pour s'élever vers « le Très-Haut »...

Hauterive le 8 août 1919

... Si c'est en mission secrète que tu pars il ne faut sans doute que personne ne le sache et je n'en parlerai pas. Courage, mon Bob, comme je te le dis tous les jours, songe que c'est nous, toutes les femmes de France, et tous les petits, que tu défends ! Et sois tranquille et en paix puisque Dieu est avec toi !

Ici pas de nouvelles ; le silence est oppressant et terrible...

Hauterive dimanche 9 août 1914

... Pas de nouvelles de toi depuis celles que tu envoyais mardi,... et je tremble devant ces bruits ou plutôt ces réalités d'allemands entrant par la frontière belge. Où es-tu ? Où seras-tu envoyé ? Gaston s'engage paraît-il... avec son auto.

... Les journaux arrivent, les nouvelles aussi. Je crois que *c'est la victoire* pour nous autres, mais à quel prix mon Dieu !!! Quand même courage *toujours* et *toujours* et éternellement « Vive la France ».

Notre ambulance à Seignelay (Croix Rouge) s'organise. Ce matin nous avons déménagé bien des choses du Pavillon pour les envoyer à Seignelay.

Tous les jours je mets un mot au courrier pour te crier que je suis avec toi par la pensée au champ d'honneur qui sera le champ de gloire !

Hauterive, lundi 10 août 1914

... Tu n'as encore rien reçu de moi ! Les nouvelles des journaux commencent à affluer et d'après eux de glorieuses nouvelles. Les Français à Mulhouse ! Quelle fièvre a fait battre nos cœurs de Françaises.

Tu te ronges à Amiens, sans occupation. Patience, ami chéri, et en attendant bouquine ton dictionnaire anglais afin de rendre les services que tu dois à notre patrie bien aimée... Sais-tu où tu dois être envoyé, ou es-tu dans l'incertitude ? Dois-tu toujours accompagner les Anglais ? Oh, donne donne des détails...

J'ai communié ce matin aux Baudières car le Curé n'a pas encore été appelé. Cet après-midi dans l'Eglise de Seignelay j'ai prié pour toi et... pour notre France !

Hauterive, 11 août 1914

... Je suis désolée que mes lettres ne te parviennent pas. Qu'attends-tu ? Où doit-on t'envoyer ? Ce sont peut être des choses secrètes que tu ignores ou que tu ne dois pas dire. Je tremble ! et pourtant je suis fière de toi, comme je suis fière de mon pays tout entier. Quel magnifique fait que cette prise... ou plutôt cette reprise de Mulhouse !

Fait d'armes glorieux certes, mais fait moral si beau ; tous nos frères d'Alsace délivrés et chantant leur délivrance ! Comme cela fait battre nos cœurs, ici, et partout en France... Comme c'est noble et comme c'est bien toi !

Mais du calme ; il faut un tel ordre pour que tout se fasse avec les meilleures garanties. Même les jeunes, bouillonnant d'ardeur et de patriotisme sont obligés d'attendre et ne peuvent s'engager tout de suite !

Hauterive, 13 août 1914

... Je ne reçois rien de toi ! Enfin résignons-nous : si c'est une consigne générale de ne pas avoir le droit de communiquer avec les siens, ayons l'héroïque résignation pour notre Patrie et pour la victoire future !

Hauterive, 25 août 1914

Quelle anxiété ! On se résigne bravement afin d'être digne de vous tous, nos soldats de France !

Lettre bordée d'une large bande noire

un de nos cousins à mon père *Paris, le 20 décembre 1914*

Mon pauvre Robert

Quelle terrible chose que la guerre et quelle terrible guerre que celle-ci !

Mon pauvre ami, combien je suis affligé de te savoir aussi grièvement blessé. Et voici qu'après avoir eu l'affliction de voir mon fils Jean grièvement blessé lui aussi, j'ai la douleur suprême de pleurer mon petit Roger.

Le pauvre enfant t'aimait bien ainsi que ta femme et il vous gardait un souvenir reconnaissant des heures heureuses qu'il avait passées avec vous dans l'Yonne : vous lui avez procuré ses derniers bons moments et les deux petites photographies sont, pour ainsi dire, les seules que j'ai de lui.

Qui eut dit alors, si peu de temps après, que tu serais sur un lit de douleur à Hazebrouck et que mon Roger dormirait son dernier sommeil dans cette forêt d'Argonne que son régiment défend pied à pied depuis trois mois avec un héroïsme qui ne s'est jamais démenti !

Quel excellent enfant était mon Roger! Les lettres qui depuis quelques temps me parvenaient régulièrement ne contenaient jamais quoi que ce fut pour m'effrayer; jamais de récit des atrocités vues et vécues, jamais de plaintes des fatigues subies. Toujours une noble simplicité.

Profondément croyant, Roger trouvait sa force morale dans sa Foi et très peu de jours avant sa mort, il avait pu communier.

Il jouit certainement maintenant de la récompense céleste, mais quel déchirement pour moi !

L'amélioration de l'état de Jean est considérable mais sera-t-elle suffisante à l'échéance de son congé de convalescence[1]

Je viens d'apprendre que tu faisais quelques pas avec tes béquilles... C'est une belle chose que la jeunesse : tu triompheras de la gravité de tes blessures et dans mon malheur je suis heureux du bonheur que peuvent avoir les autres et de celui que tu auras quand tu retrouveras ta femme et tes enfants.

Que l'année nouvelle apporte la paix (1915 !) et réunissent ceux qui s'aiment et qui ont la chance de survivre à l'épouvantable hécatombe.

Patience et courage dans l'attente des temps meilleurs.

1. Il sera tué 2 mois plus tard.

Chapitre 5

LETTRES DE « L'ARRIÈRE »
ou comment ont été vécus les premiers mois de la guerre

Lettre de la sœur de ma mère *Paris, 12 août 1914*

Chère petite Sœur

Je suis exténuée ; je suis partie pour Angoulême à la recherche de l'auto pour Gaston[1]. Départ à sept heures du matin arrivée à trois heures du matin et cela avec 10 personnes dans le compartiment. Vingt heures de voyage.

Une fois arrivée j'ai passé ma journée à me procurer un passeport pour l'auto ! Que de difficultés !

Trente cinq fois, ma chérie, nous avons été arrêtés sur la route par les soldats, trente cinq fois nous avons été obligés de montrer nos papiers ; nous n'avons pu arriver le soir même. Tu vas me demander certainement pourquoi ce voyage en auto ; cela doit te paraître étrange. Non. Car Gaston a proposé à son colonel son auto pour son service particulier dans Paris. Ce colonel n'a pas le droit, par le gouvernement, à une auto. Tu

1. Son mari ; il était mobilisé « avec » sa voiture, les voitures étant rares à cette époque-là.

penses qu'elle a été sa joie lorsqu'un simple piou-piou lui a fait cette proposition; alors on est aux petits soins pour Gaston; il couche chez moi, il a beaucoup de temps libre dans la journée; déjeuner, dîner dehors tous les jours : il est très heureux : tu peux comprendre, maintenant, mon empressement à la recherche de la bagnole.

Je vais me réinstaller à Paris pour l'hiver : que veux-tu! on ne peut changer les événements.

Je vois que maman et toi vous vous occupez beaucoup des blessés à venir. J'espère que vous n'aurez pas trop de malheureux à soigner, et je vous souhaite bon courage.

Je dîne ce soir chez Maxim's avec Gaston, l'Oncle et des amis. Nous boirons à la mort des sales Boches!

Courage chérie et Patience!

De la même à ma mère *19 septembre 1914*

Chère petite Sœur

... Vous n'avez, je crois, rien à craindre en Bourgogne, Les Allemands visaient Paris mais n'allaient pas se promener dans toute la France. Ils n'en ont pas le temps. Les Russes sont là qui se battent et l'ennemi a aussi besoin de se défendre de ce côté là.

j'ai vu ton mari, comme je te le disais dans ma dernière lettre; j'ai même été invitée par lui chez Maxim's; il se portait admirablement et repartait en auto avec un officier anglais du côté de Soissons; rassure-toi; il craint bien moins qu'un soldat armé.[1]

Hélas! J'ai appris hier un bien triste événement : Jacques Arfvidson parti en reconnaissance avec un officier et cinq autres soldats n'est pas revenu. L'officier est revenu et a raconté ce qui s'est passé. Voilà : Jacques et les autres ont rencontré des hussards puis ont reçu des éclats d'obus; enfin ils ont été pris dans la bagarre; l'officier les a rappelés pour revenir mais au moment où Jacques a voulu se relever ses jambes n'ont pu le porter. L'officier a dû le quitter, et lui, le pauvre malheureux est resté. On n'en sait pas plus long.

On ne sait ce qu'il est devenu. Quelle affreuse chose pour les parents qui ne peuvent avoir aucun détail et ne peuvent en somme rien faire pour venir au secours de leur enfant. Cela

1. Il sera très grièvement blessé le 14 octobre.

m'a complètement bouleversée. Je ne peux retirer cet épouvantable cauchemar de ma tête

la même à ma mère *17 septembre 1914*

Chère petite Sœur

J'ai eu la visite de ton époux : il venait me demander de déjeuner avec lui et un officier anglais chez Maxim's. Nous avons fait un excellent déjeuner et qui est venu nous rejoindre vers deux heures? Mon mari. Ce pauvre homme crevait de faim car depuis six heures du matin, heure à laquelle il avait quitté Pontoise, il n'avait rien pris.

Je vois souvent, tu vois, nos petits piou-pious. Il faut dire qu'à Paris on est sur les lieux pour le ravitaillement. Oui. C'est toujours à Paris que les soldats français viennent pour bien manger.

Où êtes-vous? Vous devez être bien loin de tout. Et les nouvelles sur la guerre, en avez-vous? Elles sont bonnes, très bonnes. On attend le résultat de cette nouvelle grande bataille (Reims, Soissons, Châlons, Verdun, Argonne) et après, si nous sommes victorieux, on sera tout à fait rassurés. Enfin ici on a bon espoir et on est tout à fait courageux. Bob[1] a rapporté pour l'Oncle S un casque à pointe. Je l'ai vu; il est très beau. L'oncle sera ravi, je crois, car il mourait d'envie d'avoir un souvenir de ces barbares.

Baisers affectueux...

Lettre d'une amie à ma mère *4 septembre 1914*

Chère petite amie

«Je suis dans l'attente du départ de mon mari car on vient de l'équiper de neuf et cela veut dire : "départ" en temps de guerre. Pour où part-il? Les uns disent St-Lô, les autres les environs de Paris. En réalité il part et il ne sait pas où. Quand ce sera officiel, je partirai pour la Touraine voir mon fils.»

... Quelques semaines plus tard

... En Touraine

Une autre chose me navre : comment retrouverai-je mon vieil ami Paris? Ruiné ou toujours beau? Quelle angoisse ma

1. Mon père.

pauvre chérie et comme on souhaite de vieillir bien vite actuellement.

La vie que nous menons ici est épouvantable! Tu sais «l'amour» que j'ai pour la province! eh bien je t'assure que je deviendrais enragée à écouter tous les cancans de ces dames, épouses des sous officiers d'occasion. A les croire, Paris serait déjà en flammes et on est arrivé à me faire pleurer l'autre soir à un dîner en me disant des choses monstrueuses. Or je suis très calme car j'ai confiance dans la fin de cette boucherie, mais venir me dire qu'il n'y aurait plus ni Louvre, ni Carnavalet, ni Cluny, que les quais seraient détruits, enfin que tout ce que j'aime ne serait plus... ce fut plus fort que ma volonté...

Cette petite ville est aussi sale que jolie et attrayante et quoiqu'en Normandie on fasse du cidre ils nous envoient une ignominie; plusieurs cantonnements ont été touchés par une épidémie.

Enfin nous sommes comme Job sur son tas de cendres fumantes.

Quand reverrai-je notre belle capitale saine et sauve, quand serons-nous débarrassés de cette pourriture vivante qu'on appelle poliment les «Boches». Cela peut être plus rapide qu'on ne croit; je souhaite que ton troisième enfant naisse sous le ciel du Boulevard Raspail et que son père glorieux le reçoive à bras ouverts.

Lettre de M. de Feraudy, sociétaire de la Comédie Française à ma mère *Jeudi 11 mars 1915*

Ma chère petite Marthe

C'est un revenant qui vous écrit et par ces temps troubles un revenant est toujours bien reçu n'est-ce pas? Je viens d'apprendre que vous venez d'être très éprouvée; votre mari très grièvement blessé. Hélas! Que de misères!

Croyez-vous que c'est bizarre tout de même de penser à nos réunions d'enfants d'abord, de jeunes gens ensuite... et puis brusquement votre mariage... et la guerre. Quel tourbillon que la vie.

J'attends la fin de la guerre comme tout le monde; voilà sept mois que je suis séparé des miens, c'est dur. Mais il n'y a rien à faire; il faut aller jusqu'au bout, et mon Dieu! on ira. Ce sera même très joli d'avoir pu aller jusqu'au bout. Donnez-moi des nouvelles de la blessure de votre mari; je n'ai pas le plaisir de l'avoir vu souvent, mais maintenant je le connais, c'est un *brave*.

Groupe des brancardiers — Secteur n° 30.

Lettre d'une cousine à ma mère
Bassou (Yonne) *20 octobre 1915*

Mon cher Marthon

Voilà encore une rude épreuve ! Mais peut-être ton mari, par sa blessure, évitera-t-il le pire.

Moi j'ai plus de chance que toi ; peut être est-ce dû à la vieillesse de mon époux ; en tout cas il est à Châlons-sur-Marne où il organise un hôpital ; il a donc beaucoup à faire mais quel changement d'existence ; sa seule consolation est de pouvoir lire les journaux[1].

Je n'ai pas la permission d'aller le voir. Le général a interdit de faire venir les femmes sous peine de trente jours d'arrêt et changement de service. Il paraît que les précédents étaient beaucoup trop en famille et que ce n'était pas guerrier. L'interdiction ne s'étend pas aux mâles de la famille. Donc je me résigne, puisque, ma pauvre Nana, il faut se résigner à tout.

Enfin, je suis bien contente, par ces nuits humides de le savoir chez une dame Rossignol voisinant avec un Curé.

Un cousin à ma mère *21 octobre 1914*

Ma chère Marthe

Bien peiné d'apprendre la blessure de ton mari. Si tu te souviens, dans une petite conversation je t'avais dit que je le croyais brave ; les événements m'ont donné, hélas, raison. Il a droit à l'admiration que nous ne lui ménageons pas.

Je suis certain que tu trouveras le courage nécessaire pour supporter cette nouvelle épreuve.

L.S.

1. Il sera Garde des Sceaux sous la IVe République.

un oncle à moi-même (4 ans) et à mon frère (2 ans)

Mes chers neveux

Vous avez été bien gentils de penser à votre oncle «soldat militaire» comme dit votre petite cousine. Je vous envoie mes vœux de bonne année; à Jacqueline de rester aussi sage et jolie, à Jacques de devenir un grand homme et un héros comme son papa.

Ma grand mère à ma mère, sa belle fille *10 août 1914*

Robert[1] nous a donné de ses nouvelles; il va au devant des Anglais comme interprète.

Je comprends votre chagrin, mais, ne vous laissez pas abattre, ne vous découragez pas. Pour le moment, nous ne pouvons que souffrir ou prier. Dieu est maître de nos destinées, abandonnons-nous à lui avec foi et confiance. Lui seul saura protéger nos chers soldats qui font leur devoir! Louis[2] est parti le 3 août! il a été envoyé dans un fort aux environs d'Epinal, les fils Lortat sont à Nancy et à Verdun...

Un cousin à ma mère *26 octobre 1914*

Ma chère Marthe

J'ai fait prendre d'urgence des nouvelles de ton mari : les blessures de balle à la jambe sont généralement peu de choses, mais je partage tes angoisses. Mon pauvre petit, que de tristesses et que de deuils; mais aussi que de courage et de vaillance. Les femmes nous donnent l'exemple et très sincèrement je m'incline très bas devant elles si vraiment Françaises!

Mrs Poultney Bigelow, anglaise, écrit de Malden on Hudson (Amérique) *10 septembre 1914*

My dear little Marthe

Your letter of August 25 received on Sept 8th was most welcome; it was delightful to me to get a message from you in these *sad* days.

1. Son fils.
2. Son gendre : il sera tué en 1915.

I think of you every hour and pray that your dear Robert will return to you safely. I am sure that France will win in the end and I am *proud* that the two countries I love are side by side in this bitter conflick and that my adopted country[1] is full of sympathy for them. America is for the "Allies" though officially "neutral".

Please assure each and all of your family and friends how deeply I feel with you all. The whole French nation is "admirable" and the women of France an example to the world.

Vive la France!

My mother is cruelly affected by the war. My old father(76) paraded with the "National Reserve" wearing his medal of "long service". He is still capable of handing a gun. One of my brothers is in a Canadian regiment; my niece was to be married this month but her sweetheart has "gone to the front".

The world is one with you to day. Nous avons les mêmes craintes, les memes esperances...

Lettre de l'écrivain américain Poultney Bigelow à mes parents *14 août 1914*

Vive la France!

It is a glorious thought that our Country England stands shoulder to shoulder with France at this moment when Germany represents the revival of Barbarism in warefare, the destruction of small neutral states and the violation of treaty obligations.

God bless you.

1. Elle s'appelait Miss Lilian Spritchard, était la gouvernante anglaise de ma mère. Elle a épousé l'écrivain américain Poultney Bigelow et vit aux Etats-Unis à Malden on Hudson.

Portrait de mon père.

Dessins de mon père.

Dessins de mon père.

Chapitre 6

LETTRES D'UN COMBATTANT, MON PÈRE

Les lettres qui vont suivre sont livrées aux souvenirs de ceux qui en ont encore. Elles portent des dates terribles : août 1914, Septembre 1914... C'est le carnet de route d'un combattant qui raconte ce qu'il voit, ce qu'il ressent... il sait surtout qu'il ne sait rien ; il lui arrive même d'écrire « le général ne sait rien non plus. »

Il parle fin août de débandades, de reculs ; on sent l'angoisse dans ses termes. Puis peu de jours plus tard il écrit : « Nous avons donné aux Boches une rude raclée. »

Nous, nous savons. La « raclée » a même un nom : elle s'appelle la Marne. Je ne peux aujourd'hui encore regarder cette paisible rivière comme je verrais une autre, la Dordogne ou la Saône par exemple. La Marne, pour ma génération, c'est un symbole, un emblème, un sursaut.

Quand Missia Sert rencontra fin août 1914 Galliéni soucieux, anxieux, devant la percée foudroyante des allemands, elle lui dit : Il faudrait colmater, amener des troupes, un peu surprise elle-même de ses paroles. Galliéni lui répondit. « Mais comment les transporter!» Bien sûr cette jolie femme n'en avait aucune idée. A ce moment passait un taxi «en maraude»; elle l'a hélé, et, pour dérider son interlocuteur et se faire pardonner son audace, elle a ajouté en montrant son taxi : «Mais, comme cela!»

Ecrire la date 1914 me fait encore trembler. 1415? Non pas du tout. 1792? Non plus, non. Même pas 1870! Mais 1914!

Nous avons une vieille fine qui porte ce millésime; je la regarde avec respect. Les raisins ont osé mûrir en Septembre 1914. Qui les a coupés? Les femmes, les vieillards. Les hommes étaient dans le Nord, tous. Ils auraient fait basculer la France comme une embarcation...

Le journal s'arrête à la date du 14 octobre 1914.

Mon père est grièvement blessé. Il reprendra plus tard sa correspondance et c'est de son lit de douleur, dans un hôpital puis dans un autre, qu'il écrira «novembre 1914, décembre 1914, janvier 1915...»

Je lui laisse la parole.

Lettre de mon père à ma mère *Paris, 29 juillet 1914*

Ma chère Nana

Je t'embrasse aujourd'hui plus particulièrement pour ta fête et te remercie d'être si bonne, si dévouée, si excellente mère et épouse.

Aujourd'hui l'heure est grave; toutes les troupes d'active sont mobilisées et ce matin on doit faire partir cinq classes de réservistes. Toutes les gares sont gardées militairement et toutes les troupes de couverture sont à la frontière.

Ici on parle de la guerre comme si ça y était.

Voilà les nouvelles, pas gaies comme tu vois. Reste avec ta mère à Hauterive; il n'est pas prudent que ta mère s'en aille.

Maintenant je te quitte. Ce jour est bien triste, de plus en plus triste, égayé seulement par un rayon de soleil, ta fête.

Lettre de mon père à ma mère *Paris, 30 juillet 1914*

Chère Nana

Je t'adresse sous enveloppe «le Temps» car il est impossible de trouver ce journal et j'ai peur que sous bande on le prenne.

Comme tu pourras le voir à la dernière heure les nouvelles sont mauvaises, très mauvaises. Je n'ai rien préparé de mes affaires, mais ce ne sera pas long car je n'ai pas l'intention d'emporter grand chose. Je t'apporterai demain cinq cents F. Quant à moi!... Je n'ai besoin de rien.

Demain j'irai communier...

Les banques ne prêtent plus sur titres et n'acceptent plus le papier à l'escompte. Cependant je ne puis croire... que l'on parte!

A Paris c'est l'affolement dans les cafés et les magasins de nouveautés. On vous demande en entrant si vous avez de quoi payer sans faire de la monnaie, car il est impossible d'en trouver.

La queue à la Banque de France fait tout le tour du bâtiment et j'y ai envoyé un garçon ce matin à 10 h 1/2 qui a vu à cinq heures la porte se fermer. La queue va de la caisse d'épargne près des Halles jusqu'au Louvre.

Lettre de mon père à ma mère *3 août 1914*

Marthe chérie

L'heure du départ approche...

Paris a une physionomie bizarre. Un monde fou dans les rues. Presque pas de voitures, et on voit ce phénomène que les cochers ne voulant pas marcher à moins de prix extraordinaires, les clients «descendent» le cocher, le laissent sur le trottoir et conduisent la voiture.

Aucune nouvelle officielle! On ne sait *rien*!

Toutes les boutiques allemandes : Maggi, Zimmer, Appenwirth sont mises au pillage, et il ne reste plus que les quatre murs.

Tout le monde est *pour* la guerre... Mais que de gens ivres et aussi... que de larmes!

Bref demain matin à cinq heures je pars. Comment arriverai-je? Je ne sais. Car je ne puis sortir mon camion de Paris. J'ai acheté ce matin une paire de bottines au Bon Marché, mais j'ai, je crois eu tort, car c'est vingt sept francs de fichus!

Bon courage!

Lettre de mon père à ma mère *3 août... le soir*

Ma chère Marthe

J'ai encore pu prendre un bock hier sur les Boulevards et passer à mes bureaux. Je suis en artilleur avec sabre, revolver, cartouches, bidons etc. et j'ai rendez-vous avec dix-sept de mes collègues à quatre heures du matin gare du Nord et nous allons chercher les anglais en mission secrète soit à Boulogne, soit à Douvres. De là nous nous séparons et j'accompagne seul un ou deux régiments Anglais au côté desquels je me battrai.

Je suis bien content de mon rôle d'interprète, j'ai pris un petit dictionnaire, car les mots techniques!

Lettre de mon père à ma mère *4 août 1914 - 5 h du matin*

Marthe chérie

Je pars et je quitte notre nid? Y reviendrai-je jamais!
Bien tristement

Lettre de mon père à ma mère «Grands salons Liesse» plein centre - Chambres modernes - électricité - noces, banquets, 1res communions. *Amiens, le 5 août 1914*

My dear Nana

Je suis à Amiens où nous attendons... en faisant des bridges... Nous resterons sans doute plusieurs jours ici où n'ayant ni chevaux, ni hommes pour nous occuper, on ne fait rien... On nous a fait arriver à la gare du Nord à 11 h 1/2 pour partir à 6 heures; je ne me suis pas couché et j'ai envie de dormir!

Ici, des soldats, des soldats, mais aucune nouvelle de la guerre, de là où l'on se bat. Ce qui est terrible, c'est de penser que cela ne finira peut-être que dans trois mois, peut-être dans six, peut-être dans un an!

Bon courage!

Lettre de mon père à ma mère *Amiens, le 8 août 1914*

Dear Nana

Toujours la même chose ici : nous attendons, nous attendons les détachements anglais.

Nous sommes en mission secrète et cela intrigue tout le monde; nous sommes dix huit dont quatorze sous-officiers. Tous logés ensemble, mais pas de draps! Parmi nous un chargé de cours au Collège de France, plusieurs ingénieurs, des patrons et employés de Banque, tous de Paris, ayant presque tous des amis communs.

Tu penses que nous employons nos loisirs à faire des bridges de huit heures du matin jusqu'à dix heures du soir! Nous ne faisons rien mais cela va changer, car lorsque nous allons être avec les Anglais, cela va nous occuper.

On m'annonce ce matin que l'Allemagne demande une suspension des «hostilités» pour vingt-quatre heures, soit disant pour relever leur vingt mille morts. J'espère qu'on ne leur accordera pas.

Ici tout le monde est gai et on part joyeusement, on s'énerve de ne pas être sur la ligne de feu.

Puis l'un sort la photo de sa famille, de ses gosses, (car nous sommes quatorze pères de famille) alors une larme perle qui devient bientôt générale; l'un de nous alors nous remonte tous, et l'on se met à chanter...

Voilà toutes les nouvelles; bientôt nous serons séparés car nous accompagnerons chacun soit un régiment, soit une brigade d'Anglais. Aucune nouvelle de toi...

Soigne-toi bien afin que je trouve le petit tout près d'arriver, lorsque je reviendrai dans... cinq ou six mois!

Lettre de mon père à ma mère *Amiens le 10 août 1914*

Marthe chérie

... Voilà que je pars demain pour une destination inconnue! — Décidément je n'aurai jamais de nouvelles des miens.

Bien tristement

Je broye du noir ce soir!

Lettre de mon père à ma mère *12 août 1914*

Dear Nana

J'ai quitté Amiens hier et je suis dans un trou à Busigny (Nord) où nous attendons sans doute les Anglais. Je n'ai pu avoir aucune lettre de toi! J'étais bien triste hier soir mais aujourd'hui cela va mieux. J'ai couché pour la première fois dans un lit. Je ne sais quoi te dire car ici on ne fait rien; tu connais les nouvelles comme nous puisque nous n'avons que les journaux pour nous renseigner.

Nous sommes dans un petit pays «très campagne» où il n'y a presque que des officiers; d'où nous venons, les rues étaient pleines de gens et surtout de soldats. Ici c'est calme, très calme...

Lettre de mon père à ma mère — Hôtel du Nord
Chambres confortables pour voyageurs - table d'hôte - éclairage à l'électricité - voitures de louage
hôtel de 1er ordre *Busigny, le 15 août 1914*

Marthe chérie

Je pars pour Maubeuge; je vais monter à cheval et accompagner les régiments de cavalerie anglais. Ce soir j'entendrai le canon!

J'entre en plein dans l'action! Ne t'émotionne pas si je ne t'écris pas ou ne télégraphie tous les jours car là bas il y a des centaines de milliers d'hommes et la poste ne fonctionne pas régulièrement.

Demain, je partirai encore en avant...!

Lettre de mon père à ma mère *Le 19 août 1914*

Marthe chérie

Je suis sur la frontière et espère bien que demain nous la dépasserons. Je suis interprète, tout seul, attaché à une bridage de cavalerie anglaise. Je fais tout : logement, approvisionnement, interprète. Je devais accompagner les régiments, mais l'état major a fait de moi «his own interpreter». Ce matin grande randonnée en auto pour payer les «supplies», avec les officiers anglais.

Maintenant je suis libre, mais je vais demander un cheval anglais pour aller à six kilomètres demander à un interprète d'être affecté aux dragons anglais au lieu des lanciers...

J'ai trouvé une paillasse dans un grenier et je me nourris chez une sorte de «bistrot», le café de la gare. Mais, quelle gare et quel café!!!!!

On entend le canon. Des dirigeables et des aéroplanes nous survolent!

Quelle affreuse chose que la guerre, que de ruines, que de larmes versées !

Sois courageuse. C'est bien ce que tu fais pour la Croix Rouge. Je te reconnais là !

Inutile de m'écrire. On nous a prévenus qu'il n'y avait plus de courrier.

Lettre de mon père à ma mère *20th of August 1914*

Dear Marthe

I think when I will be back I will quite have forgotten french — car je ne parle qu'anglais tout le temps.

— Ce soir j'attends les ordres et je crois que demain nous partons car je suis aujourd'hui passé dans tous les villages pour payer les denrées et n'en ai plus commandé.

La nuit dernière j'étais éveillé à chaque minute par le « halte là ! » « Qui vive » de la sentinelle placée sous ma fenêtre, puis le défilé perpétuel d'autos, de camions, le tout anglais ! Puis un coup de feu ! Qu'était-ce ? Mystère !

Je pense souvent au retour, mais quand ? Dans six mois ? D'ici là dans quelles guenilles serons-nous comme linge et comme chaussures ! Verrai-je ce petit que tu attends !

Autant de questions angoissantes.

Aujourd'hui, on n'a pas entendu le canon !

Cette lettre te parviendra-t-elle ? Mystère ! Toujours mystère !

... Je reçois les ordres : on part !!!

Lettre de mon père à ma mère *23 août 1914*

Marthe chérie

Je reçois une lettre de toi, mais du neuf août !

Depuis douze jours malgré les pluies et le mauvais temps le canon gronde et les balles sifflent !

Toujours en contact avec les Allemands ! Eh, ma foi, on s'y fait très bien !

Nous avons fait prisonnier un officier d'artillerie allemand (entre autres milliers) et il nous a déclaré que *« l'humanité »* devrait interdire le canon français tant il cause de ravages !

D'autre part, sur deux sergents allemands, on a trouvé des lettres dans lesquelles ils indiquaient qu'ils s'étaient puissamment fortifiés à Craonne mais qu'il n'y avait rien à faire contre l'artillerie française, et que d'autre part la situation était désespérée pour eux !

Sans doute on gagnera mais au prix de combien de vies d'hommes !

Lettre de mon père à ma mère *26 septembre 1914*

Ma chère Marthe

Toujours temps admirable mais les obus sifflent à nos oreilles d'une façon plutôt désagréable ; toute la nuit et depuis ce matin, cela n'arrête pas. Il va y avoir demain quinze jours que nous luttons à la même place.

Que te dire ? Car *je dois me taire*

Enfin pourrais-je un jour filer à la capitale, retrouver l'atmosphère qui est « nôtre », prendre un bain et ne plus entendre pendant quelques heures le canon !

Lettre de mon père à ma mère *Samedi 29 août 1914*

Ma chère Marthe

C'est la défaite. On bat en retraite. Je suis près de Compiègne et les Allemands arrivent à Noyon où j'ai couché cette nuit sur un tas d'avoine. Une ancienne garnison attend les troupes françaises, mais, quelle débâcle !

Lettre de mon père à ma mère *Le 31 août 1914*

Ma chère Marthe

Je m'approche de Paris... et les Allemands aussi ! Je les ai quittés ce matin... *aux abords de Compiègne* ! Nous battons en retraite sans pouvoir combattre, vu notre petit nombre, l'épuisement des hommes et la puissance des Allemands. Depuis huit jours on attend les troupes françaises qui n'arrivent pas, et le moral baisse, et sur tout le passage une vraie émigration, et les femmes pleurent !!!!

J'ai été obligé de racheter toutes sortes de choses car les Allemands m'en ont pris une partie et l'Etat Major Anglais m'a égaré le reste.

Ce qui me manque le plus, c'est mon manteau car je couche dehors!

Ne m'écris pas, c'est inutile.

Je suis à côté de notre ancienne chasse où je suis passé ce matin; je suis même au Sud Ouest de Nantheuil le Houdouin; au dessus de nous la poste et le téléphone sont coupés.

Comment vas-tu dans «ton état». Si par hasard il y avait du danger aux Baudières, il faudrait filer. Mais où? A l'Ouest?

J'espère encore. Je crois qu'on y arrivera, mais ce sera dur! *très dur*!

Les Allemands, c'est comme une fourmilière. Plus on en tue, plus il en vient!

Bon courage, et espérons!

Lettre de mon père à ma mère *5 septembre 1914*

Chère Marthe

Depuis trois jours aux environs de Paris; je dois demain revoir «les Boches»! «Ils me manquent!!!» Je couche dans les bois, c'est un peu humide, mais on s'y fait.

S'il y a du danger en Bourgogne, filez.

Faithfully yours

Lettre de mon père à ma mère *7 septembre 1914*

Ma chère Marthe

Je suis à l'hôpital de Melun; rassure-toi; j'ai attrapé froid en couchant dehors. Demain je serai sur pieds.

Hier aux environs d'ici on a collé une bonne raclée aux Allemands et on les a repoussés sur Reims!

Tout à toi

Lettre de mon père à ma mère *16 septembre 1914*

Ma chérie

Voilà bien longtemps que je n'ai pu t'écrire. Depuis trois jours les Anglais et les Français ont maintenu leurs positions en canonnant *jour et nuit*. Je reviens trente kilomètres en arrière pour prendre un unique repas.

Que d'hommes tués! Les Anglais ont fait une quantité fantastique de prisonniers...

Ton Bob.

Lettre de mon père à ma mère *Paris 17 septembre 1914*

Ma chère Marthe

Je suis venu quelques heures à Paris chercher des phares d'autos. J'ai appris votre changement d'adresse ce qui ne m'a pas surpris. Mais pourquoi la Nièvre? Il fallait Brest; Nice ou Bordeaux. Enfin les Allemands sont loin!

Cela chauffe dur en ce moment. Cela tonne nuit et jour et j'ai quitté le champ de bataille aujourd'hui à minuit. Que de morts! Que de blessés! Que de coups de canon!

Je vais entre Soissons et Reims...

Lettre de mon père à ma mère *18 septembre 1914*

Ma chérie

Chaque jour je contemple vos trois photos et je pense : quand la guerre finira-t-elle! Quand vous reverrai-je tous! Ce sera long, plus long qu'on ne croit. Six mois ce serait le minimum.

Le canon tonne tous les jours, tout le temps, jour et nuit sans arrêt. Je fais partie de l'armée de l'Aisne. Les Allemands ont d'excellentes positions et il sera difficile de les en déloger...

Hier j'ai pu aller à Paris; j'ai vu l'oncle et la sœur. Nous avons déjeuné chez Maxim's. Je n'ai, par ailleurs, aucune nouvelles ni de la famille, ni de toi; la poste ne fonctionne plus. Ici tout est, ou plutôt, tout a été ravagé par les Allemands; tout a été pillé et *brûlé*. Ce n'est pas permis de te donner d'autres nouvelles, et ce serait trop long. On fait des milliers de prisonniers, mais eux aussi en font. Quant aux blessés ils sont légion et il y a beaucoup de morts aussi. Quand on traverse les champs de bataille, ce n'est pas beau et puis cette odeur de viande pourrie, de chevaux morts!!!!

Lettre de mon père à ma mère *Crépy-en-Valois, 6 oct. 1914*

Chère Marthe

Nous sommes à soixante kilomètres de la capitale mais je ne peux venir te voir car nous filons plus au Nord. Pourquoi m'a-t-on fait quitter le «contact», pourquoi ? Mystère ?

Je crois qu'on va nous renvoyer plus au Nord vers la Belgique. Le général lui-même ne sait rien de ce que l'on fait.

Lettre de mon père à ma mère *le 8 octobre 1914*

Grand hôtel St-Clos - écuries et remises - Chauffage à la vapeur - Location de voitures et automobiles - Repas pour la ville et la campagne *Montdidier, le 8 octob. 1914*

Ma chère Marthe

Quatre-vingt-quinze kilomètres de Paris ! L'espoir de revenir diminue principalement parce que nous «mouvons» tous les jours comme on dit en Anglais. Cela ne va pas très bien par ici, mais j'ai bon espoir quand même...

Mon Père a été grièvement blessé à Hazebrouck
le 14 octobre 1914

Hôpital d'Hazebrouck *29 octobre 1914*

Chère Marthe

Je suis bien fatigué aujourd'hui encore pour t'écrire ; je profite de la délicatesse et du bon vouloir d'un charmant voisin de lit pour t'écrire ces quelques mots.

Quand pourrais-je m'occuper moi-même de mes affaires et mettre pour l'usine bien des choses au point ? Malheureusement je crois en avoir pour fort longtemps ! Peut-être pourrais-tu trouver plus près de Paris un hôpital qui, sans être le Val de Grâce ne serait pas cependant une maison de santé à l'eau de fleur d'oranges, visitée par des mèdecins qui n'ont jamais tant travaillé de leur vie. Il faut donc une maison ayant l'autorisation de prendre des malades militaires sans avoir cependant la sévérité et la dureté d'un hôpital militaire où personne ne peut venir vous voir.

Hôpital d'Hazebrouck *24 novembre 1914*

Chère Marthe

Ce matin j'ai fait ma toilette seul et me suis rasé; plus de draîn ni de mèche dans la jambe, car, jusqu'à hier, j'avais une mèche pour que cela ne se referme pas, tant il y avait du pus. J'espère que pour le 8 décembre je pourrai essayer des béquilles. Ici tout le monde ne revient pas de ma résurrection, tout le monde vient me voir comme une bête curieuse.

Depuis l'autre jour je ne me suis pas relevé, ceci m'ayant trop fatigué... mais j'ai très peu de fièvre...

Hôpital d'Hazebrouck *29 octobre 1914*

Chère Nana

On m'a remis la mèche à la plaie du haut; je souffre beaucoup parce que cela se recolle et j'ai des élancements dans les nerfs des doigts de pieds.

J'ai la cheville ankilosée; il faut que je remue le pied pour remédier à cela. Mais cela n'est rien car lorsque je marcherai avec des béquilles, j'appuierai d'abord la pointe des pieds et ensuite le talon.

Maintenant je te quitte car je suis fatigué; je ne voudrais pas attraper 39° de fièvre comme l'autre jour.

Hôpital d'Hazebrouck *27 novembre 1914*

Chère Nana

Le mieux continue et progresse d'une façon extraordinaire; maintenant je joue aux cartes, je peux me distraire.

Je souffre des tendons et nerfs qui se reforment dans ma jambe mais le docteur m'a prévenu que je souffrirai encore beaucoup.

Les gens qui prennent de mes nouvelles, famille, amis, savent-ils que j'ai été aussi mal?

Quand tu écris, mets un mot gentil pour madame Deberdt, l'infirmière-chef. Je le lui montre, et cela lui fait plaisir.

Ton Bob.

Hôpital d'Hazebrouck *30 novembre 1914*

Ma chère Marthe

Je continue à aller mieux, beaucoup mieux, mais je souffre atrocement; c'est le recollement et il faut endurer.

Quelles sont les nouvelles de l'usine d'Orléans? On pourrait peut être acheter du coton non cardé et le carder à Orléans? Dans ce cas il faudrait faire marcher au charbon *toute* l'usine. Si toutes les cardes marchent on a intérêt à marcher au charbon plutôt qu'à l'électricité du secteur d'Orléans.

Maintenant je te quitte car je suis fatigué

Ton Bob

Hôpital d'Hazebrouck *1er décembre 1914*

Chère Marthe

J'ai fait de gros progrès et vais admirablement bien. On laisse ma plaie se fermer. Le médecin me dit de me mettre avec précaution tous les deux ou trois jours dans le fauteuil mais cela me fait enfler la jambe.

Enfin bientôt je pourrai me lever complètement et essayer de marcher avec des béquilles.

Le matin visite de l'abbé Lemire avec un médecin inspecteur, grade de colonel. C'était *Chautemps*, le sénateur radical. Il est tombé juste pendant la messe et a demandé si on obligeait les hommes à y aller et je crois qu'il a interdit qu'on dise la messe dans la salle des malades.

Je vais de mieux en mieux et je reprends des forces. Mais il ne faut pas que je bouge de mon lit, sans cela, cela ne va plus du tout. Si tu savais le monde qui vient me voir, c'est inouï : infimières, curés, gens de la ville, bref tout le monde veut voir l'interprète dont on avait annoncé la mort prochaine et dont tout le monde est étonné de voir la belle mine actuelle.

Enfin il faut remercier la Ste-Vierge et Dieu car c'est quand même un grand miracle. Le docteur en parle, paraît-il tous les jours, et... tous les matins, dès qu'il voit madame Deberdt son premier mot est «Comment va votre malade?» et parfois il ajoute : «C'est égal, celui là, je ne comptais pas dessus;! C'est un vrai miracle.»

Le soir je souffre toujours et pour me consoler le médecin m'a prédit que je souffrirai encore beaucoup et surtout quand j'essaierai de marcher; c'est gai!

A-t-on raconté aux gens tout ce qui m'était arrivé ? ou bien les a-t-on laissés dans les idées de notre concierge ? «Une balle lui a "éraflé" la jambe» ?

Hôpital d'Hazebrouck

Ma chère Marthe

Je vais de mieux en mieux; ma jambe se guérit mais je souffre terriblement. Hier on a dû me piquer deux fois et aujourd'hui cataplasme de laudanum. Il paraît que cela doit être comme cela...

Hôpital d'Hazebrouck *3 décembre 1914*

Chère Marthe

Le matin, après les pansements on fait la partie d'échecs et le soir les deux docteurs viennent jouer au bridge avec mon camarade Bedel. Tu vois qu'on s'occupe.

Je vais de mieux en mieux mais je n'ai aucune force dans les jambes.

Toutes les béquilles sont occupées; de toutes façons il n'y en a pas d'assez grandes pour ma taille.

Le mieux serait d'en faire avec des manches à balai.

Hôpital d'Hazebrouck *Décembre 1914*

Chère Marthe

Les progrès continuent et c'est la vérité. Ce soir j'espère supprimer la morphine et bientôt je trotterai sur des béquilles.

A-t-on sû que j'avais été si mal? Contrairement à toi, d'après ta lettre j'adore repenser à ce moment comme on aime penser à un miracle. En effet, avoir été si bas, après qu'on ait dit de moi «on lui rabattra son drap quand il sera complètement froid» et être si bien maintenant! Car, si je n'ai pas de jambes, le reste est parfait, et *je suis tout à fait bien.*

Mme Deberdt doit me rapporter cet après-midi de l'encre de chine, une gomme, etc... et je vais dessiner!!!

Mais pour en revenir à ce que je te disais, j'ai fini par savoir tout ce qui s'était passé : Maman appelée ici, ce que le Docteur avait dit à maman! Pauvre mère!

C'est dur quand même de s'entendre dire : «Votre fils est perdu, je ne lui fais pas son pansement aujourd'hui, pour vous le laisser vingt-quatre heures de plus!» Figure-toi si on nous disait cela de nos petits! Comme elle a dû souffrir, cette pauvre maman, et dire qu'arrivée près de moi, rien de son angoisse ou de son chagrin n'a paru ; au contraire elle me remontait : «Je ne te trouve pas si mal que ça...» Quelle énergie et quel courage! On sent la femme ayant une grande confiance en Dieu, car elle a dû recevoir un rude choc, en bas, dans le parloir!

Toi aussi, tu as dû bien souffrir; le doute, car tu «ne savais pas» ! Nous avons l'un et l'autre tant souffert aussi de l'éloignement!

Crois-tu que lorsque je me sentais décliner de jour en jour et que je te télégraphiais que j'allais mieux, crois-tu que cela ne m'était pas pénible alors que j'avais envie de crier : «Viens vite». Mais je le faisais pour notre futur petit et j'espérais que tu n'apprendrais ma fin que longtemps après... peut-être après la naissance du petit.

Mais maintenant je sais que je vous reverrai. Ah! *vous* revoir après en avoir perdu l'espoir! Il faut avoir vécu ces heures pour goûter la saveur de la Résurrection. Voilà pourquoi j'aime tant reparler des instants par lesquels j'ai passé.

Remercie Jacotte de son dessin.

Ton Bob.

Hôpital d'Hazebrouck *4 décembre 1914*

Le médecin m'a dit ce matin qu'il fallait essayer de mettre le pied par terre. Ma jambe est saine, seulement il y a une esquille, un morceau de péroné, qui est resté dedans, qu'on n'a jamais pu m'enlever et qui ressortira un jour ou l'autre par un abcès. Mais cela n'est rien.

Je viens d'essayer des béquilles mais en prenant les plus grandes de l'établissement, il manque quinze centimètres; on va en faire faire pour moi par la Croix-Rouge...

Hôpital d'Hazebrouck *8 décembre 1914*

Ma chère Marthe

Ce matin, à 5 h 1/2 on m'a apporté la Communion. Puis je suis resté une heure... à penser.

L'autre jour j'ai fait trois grands dessins que j'ai donnés à Mme Deberdt. Oh! toujours la même chose : des chevaux.

L'interne, Mr Desoulter part demain et m'en a demandé un. je pense le faire aujourd'hui. Ici on s'est extasié; tout le monde venait voir mes chevaux, même les civils!

Reçois-tu mes lettres quotidiennes?

ton Bob.

P.S. Peux-tu m'envoyer mon fixe-moustaches?

hôpital d'Hazebrouck *10 décembre 1914*

Ma chère Marthe

Je suis tout tremblant car on vient de recevoir les béquilles.

Oh! Quelle sale nuit! Ce matin je suis triste, je pense à un tas de choses pas gaies; mon esprit trotte, pense que je voudrais agir, et devant l'impossibilité matérielle je me rends aux idées noires.

Et puis, cette guerre dans laquelle la victoire, si elle est pour nous sera si fragile, mais par contre l'écrasement si grand si nous sommes vaincus!

Tu vas sourire parce que tu es à Paris, et, que là-bas, tout est rose, mais ici... presqu'au front, on rit moins!

Le médecin m'a consolé hier. Figure-toi que mon pied de la jambe malade était complètement bloqué et mort... le docteur m'a dit que «cela reviendrait», mais à un homme ici qui a exactement la même blessure il a dit qu'il ne se remettrait jamais.

J'ai fait six grands dessins et je me repose maintenant de dessiner.

Je t'adresse ci-inclus une feuille qu'on m'a prêtée écrite de la main de ma mère et que j'ai copiée, signée par les médecins, le Supérieur et Madame Deberdt : la voici :

«L'aimable petite Sœur Thérèse de l'Enfant Jésus vient de faire un miracle éclatant en faveur de mon fils. je tiens à vous en faire part, afin de témoigner hautement ma reconnaissance.

Le 14 octobre dernier, mon fils Robert L. fut blessé à Fletre par une balle qui lui traversa la jambe, perforant le tibia et brisant le péroné; transporté à l'hôpital de la Croix Rouge installé dans le Collège St-Jacques à Hazebrouck, le blessé y reçut immédiatement les soins les plus éclairés et les plus dévoués.

Cependant son état devint très grave et j'en fus avertie le 4 novembre. Je partis aussitôt. Dès mon arrivée à l'hôpital, je reçus la visite du docteur : «Votre fils est mal, très mal : Hier au moment du pansement j'ai cru qu'il allait passer». Telles furent les premières paroles qui me mirent au courant de la triste vérité; puis vint l'énumération des plus graves symptômes : infection du sang, hémorragies (se renouvelant à chaque pansement), fièvre de 40° depuis vingt jours, faiblesse extrême. Le médecin conclut ainsi : «Votre fils est perdu... hier il a été administré et ce n'est qu'avec des piqûres, de l'éther et du Rhum qu'on l'a soutenu. Aujourd'hui je supprimerai le pansement pour vous le conserver pour la journée, C'est l'affaire de quarante-huit heures!!!

Je surmontais ma douleur pour me rendre auprès de mon enfant. Hélas! Quel spectacle! La mort planait déjà sur ce pauvre visage émacié au teint de cire, aux yeux démesurément agrandis, aux lèvres décolorées, aux narines amincies, Le médecin m'avait dit vrai : tout était humainement perdu.

Alors je glissai sous l'oreiller du Cher mourant une relique de la petite Sœur Thérèse de l'Enfant Jésus et je commençai près de lui une journée d'inexprimable anxiété, épiant les moindres mouvements de mon enfant et son souffle que je craignais à tout instant de voir s'éteindre, s'éteindre pour toujours!

La nuit vint; mon fils était calme. Il reposa.. Pendant les heures interminables de cette veillée douloureuse et presque funèbre, ma prière montait confiante et soumise malgré l'angoisse qui me torturait.

Le lendemain le docteur m'annonça qu'il était impossible de différer plus longtemps le pansement. C'était l'heure décisive; tous craignirent qu'elle fut fatale.

Je me tins à la tête du lit du blessé et regardai tout.

Le docteur défit le bandage autour des plaies. Point d'hémorragie. Il contempla avec stupéfaction cette jambe encore la veille tuméfiée et enflée, aux plaies infectées et violettes. Elle n'était point reconnaissable. Sœur Thérèse avait fait son œuvre.

Le docteur déclara : «C'est un mieux inouï, inespéré».

Un major de passage assista au pansement, et put me dire avec son confrère : «Si l'hémorragie ne se reproduit pas et si votre fils triomphe de sa faiblesse dans quatre ou cinq jours, nous pourrons espérer son salut.»

Hôpital d'Hazebrouck *21 décembre 1914*

Ma chère Marthe

... Ne t'inquiète pas. Je suis en parfaite santé; ne te fais pas un monde quand je dis que j'ai regagné mon lit avec plaisir. Mon abcès a disparu. Seules les dernières plaies de gangrène au pied me font souffrir; l'esquille n'est pas sortie. Ce sera pour plus tard.

Villard a rencontré mon médecin en ville en parlant de moi il a dit : Oh lui, il boîtera toujours. Mais ce n'est pas sûr.

Merci de faire un cadeau à Mme Deberdt! Elle est extraordinaire, aux petits soins, ne veut pas que je m'habille seul et a les larmes aux yeux à l'idée que je partirai un jour.

Ne crains rien pour les bombes; maintenant nous sommes gardés par des aéroplanes anglais et des mitrailleuses.

Bob.

Hôpital d'Hazebrouck *22 décembre 1914*

Ma chère Marthe

Neuf bombes ce matin sur Hazebrouck mais toutes ont raté; aucune n'a éclaté. Je ne devrais pas te dire cela car il n'y a pas de danger pour nous. Après le miracle, Dieu ne voudra pas que je succombe si tôt après m'avoir sauvé!

Demain matin j'irai faire mes devoirs à la messe de sept heures. Ce sera la première fois depuis ma blessure.

L'hôpital contient une foule de malades de dix-sept ans. A cet âge-là, ils ne peuvent résister. C'est trop dur.

Maintenant je vais bien; évidemment, admettons que je n'ai pas de jambes.

Je reviens sur «le miracle». On n'a pas insisté sur le point précis, sur la guérison systématique d'une chose contre laquelle on était impuissant. J'avais des crises tétaniques et la gangrène et j'en porte encore les traces; et c'est ce qui m'a tant fait souffrir; en une nuit cela a disparu et le médecin a dit : «Vous l'avez échappé belle.»

Cette nuit je songeais à ma blessure et aux événements passés et je pensais que dans mon malheur je devais me trouver heureux car si j'avais eu fini mon travail à 3 h du matin au lieu de 4 h je tombais Sur le village occupé par les «Boches» au lieu des Anglais et alors, en arrivant là dedans, en auto, «Qu'est-ce que nous prenions!»

Hôpital militaire d'Hazebrouck *22 décembre 1914*

Ma chère Marthe

Je ne sais si je rapporterai les béquilles procurées par ta mère... De toutes façons je me servirai toujours de cannes..

Depuis que je me lève je souffre terriblement..

Moi aussi je rêve à l'heure du retour, nous retrouver — ensemble; nous n'apprécions pas assez les moments où nous étions réunis, notre vie de tous les jours; c'était si naturel! Retrouver le home, la famille, le bureau, Paris enfin!

Aujourd'hui je me suis levé mais suis revenu vite à temps dans mon lit pour ne pas tourner de l'œil.

Ce matin inspection par un médecin au grade de général; il nous a félicités, Bedel, Villard et moi de nos «glorieuses blessures» et a ouvert de grands yeux quand on lui a dit que j'avais de l'ostéomyélite. De plus il a eu un mot gentil pour moi quand on lui a dit que j'avais été très bas.

Il y a beaucoup de typhiques qui arrivent...

Aujourd'hui ma patte va moins bien; je souffre de toute la jambe; Oh! ce n'est pas fini...

On parle du Val-de-Grâce, mais ce n'est pas folichon non plus.

(Penses-tu au parrain et à la marraine pour le petit?)

Je boîterai toute ma vie, mais j'ai ma jambe et je suis en vie.

Hôpital d'Hazebrouck *30 décembre 1914*

76e jour d'hôpital — 149e jour de guerre — 364e jour de l'année

Chère Nana

Ce que tu me dis de Jacqueline giflant son frère m'amuse bien, pourtant je ne voudrais pas que Jacot soit la tête de turc de sa sœur.

Dis à Jacotte que je lui ferai marcher le chemin de fer dès que je rentrerai à Paris.

A propos de mon retour, Mme Deberdt loge depuis trois mois l'ingénieur en chef du Nord qui a son train spécial toujours à sa disposition composé de sa machine (2851) et d'un wagon de première; elle va lui demander de me conduire à Paris quand je m'en irai d'ici.

Hôpital d'Hazebrouck *31 décembre 1914*

Ma chère Nana

Le voilà ce 31 décembre avec tous ses souvenirs... Ne trouves-tu pas qu'il semble que c'était hier! Comme elles ont passé ces six années. Il est vrai qu'elles étaient sans nuages entre nous si toutefois elles n'étaient pas sans nuages au point de vue affaires.

Enfin, ma chérie, bien confidentiellement je viens te répéter une nouvelle que l'on m'a apporté ce matin, — était-ce pour fêter ce 31 ou pour 1915 ? mais on est venu me dire que j'allais avoir la médaille militaire «comme ayant fait preuve d'un grand sang froid en présence de l'ennemi, ayant ainsi sauvé la vie de mon capitaine, etc., etc.»

J'ai demandé la copie de ma citation mais ne sais quand j'aurai la médaille; en tout cas je pense que tu seras contente de moi. Dis le seulement à mes parents car, avec l'armée, on ne sait jamais ce qui peut arriver.

Hôpital d'Hazebrouck *Le 11 janvier 1915*

Ma chère Marthe

J'ai déjeuné hier chez Mme Deberdt; j'y allais comme un chien qu'on fouette car j'ai beau aller mieux, dès que je sors de mon lit, je suis noyé; alors j'avais peur de me trouver mal et le fait qu'en arrivant, ce fut tout juste; mais après un bon déjeuner, du bon vin, dans une salle à manger bien chaude je me croyais bien loin d'Hazebrouck et j'allais infiniment mieux.

As-tu reçu ma lettre où je te parle de la médaille militaire ?

Je t'envoie ci-inclus un bout d'os retiré ce matin.

Il y en a encore bien d'autres.

Bob.

Hôpital d'Hazebrouck *13 janvier 1915 — 90e jour d'hôpital*

Ma chère Marthe

... Tu vas entrer dans la période d'attente imminente; tu sais que le troisième arrive plus vite que les autres.

Toi, tu as les petits ! Et moi je ne les ai pas ! avec eux on ne peut pas devenir neurasthénique, tandis qu'ici !

Loin de tout ce qui est cher et... près des Boches, sans pouvoir être utile! Ah! Oui! j'y *retournerai!* et d'abord il faut que je me venge!

Bien reçu le «Cri de Paris» «J'ai vu» et «Le Miroir». Peux-tu m'envoyer cent francs afin que je ne prenne pas d'or.

Pour les coupes de bois on pourrait peut être mettre Duranton en concurrence avec l'Etat. Demande à Gamard car il est très honnête et très sérieux.

Je te fais apporter par Villard des cigarettes anglaises : pour ouvrir la boîte, il faut d'abord enlever le couvercle en coupant le papier tout autour; puis, dans chaque couvercle, il y a une petite dent d'acier qu'il faut écarter du bord, puis on remet le couvercle sur la boîte, la dent rentre dans la feuille d'étain qui ferme la boîte et on tourne jusqu'à ce que la dent ait fait le tour de la boîte, et c'est fait.

Hôpital militaire d'Hazebrouck *14 janvier 1915*

As-tu reçu ma lettre du 1er janvier (j'en doute car on a supprimé les trains civils). J'ai pensé au 31 décembre 1908 comme étant un exquis souvenir mais nous n'avons rien à envier car nous nous reverrons pour revivre ensemble des heures non moins exquises.

Je commence à trouver le temps long; il paraît que je ne supporterais pas le voyage pour aller au Val de Grâce; et peut-être serais-je moins bien soigné qu'ici.

Hazebrouck *14 janvier 1915 — 90e jour d'hôpital*

J'ai une grande nouvelle à t'annoncer : j'ai été jusqu'au milieu de la chambre sans béquilles... mais j'étais plutôt pâle et ai dû revenir à mon lit.

Il me reste trois cents francs d'or mais je dois dire que celui-ci ne m'a été d'aucune utilité pendant la campagne car partout j'ai trouvé de la monnaie.

Ce matin j'ai fait un dessin pour le Supérieur. Ici calme plat. Je m'ennuie. Heureusement que j'ai Madame Deberdt. Et puis d'après elle, il n'y a rien de trop beau pour moi; dans un goûter on me sert en premier et les plus beaux gâteaux sont pour moi. Elle ne me quitte jamais. A la messe de minuit elle m'a apporté mes béquilles, me les a repris, m'a habillé. T'ai-je dit qu'il faisait *très froid*, mais une très belle cérémonie. Messe à trois chevaux comme on dit à Arcueil[1], c'est-à-dire avec diacres et sous diacres.

Beaucoup de civils, en général anglais. Dis-moi si tu reçois bien *mes* lettres, je t'écris tous les jours.

Hôpital d'Hazebrouck *Le 14 janvier 1915*

Chère Marthe

Je vais peut-être être évacué mais pour cela il faut que je sois complètement guéri ; mais mon ecchymose du pied me fait bien souffrir, peut-être irai-je au Val de Grâce. Le peu qu'on m'a dit ne signifiait rien : Il est jeune !

Il y a aujourd'hui trois mois que je suis blessé ! Comme c'est long et pourtant comme le temps passe !

Hôpital d'Hazebrouck *Le 15 janvier 1915*

Ma chère Marthe

Fais attention que les douleurs ne te prennent pas en route quand tu iras à Châtillon.

Aujourd'hui je suis vaseux... le communiqué est mauvais et je sais que nous avons reculé de six kilomètres près de Soissons et de trois kilomètres près d'Ypres. C'est navrant ! Enfin heureusement que Joffre est là !

Maintenant je vais essayer de faire un peu de « footing »... sur un pied !

Bob.

Hôpital d'Hazebrouck *Le 16 janvier 1915*

Chère Marthe

Je viens de prendre le thé avec Mme Deberdt ; elle aime bien quand je lui donne tes lettres à lire ; celle d'aujourd'hui était charmante ; tu me parles de Jacotte pleurant parce qu'elle ne peut embrasser son papa.

Voilà cinq heures... C'est l'heure critique où je suis fatigué...

Bob.

1. Mon père avait été élevé chez les Maristes d'Arcueil.

Hôpital d'Hazebrouck *17 janvier 1915*

Chère Marthe

Je ne fais pas de gros progrès. Ah! si je pouvais être dans notre «home» bien chaud, bien bon, entouré de vous tous qui m'êtes si chers, comme je me remettrais vite!

Espérons, ma chère Marthe, prions. En ce moment je demande trois choses

1° que l'accouchement se passe bien (pourvu que ce soit une *Françoise*)

2° que j'ai une convalescence possible

3° que j'ai une médaille.

Enfin patience, toujours patience! Je ne peux même pas descendre l'escalier. Mais j'en ai plein le dos; la plaie s'est ouverte encore; un point blanc a passé et on a retiré l'esquille.

Je regrette que tu aies payé l'assurance car ces gens là sont des voleurs : ils n'assurent pas en temps de guerre.

J'attends chaque jour la dépêche m'annonçant l'arrivée de l'héritier. Ici toujours la même vie, aussi monotone. j'attends également de pouvoir supporter le voyage!

Hôpital d'Hazebrouck *Le 20 janvier 1915*

Chère Marthe

Oh! Je ne suis pas bien fort! Je me demande quand je retrouverai mes forces d'antan. J'ai de nouveau 39°2; le docteur m'a tâté dans tous les sens et... rien! Seulement, c'est comme si on me donnait des coups de bâton; je suis revenu aujourd'hui à un mois en arrière. J'ai rêvé cette nuit qu'un François était arrivé (nous l'appellerons Francis)

Hôpital d'Hazebrouck *Le 22 janvier 1915*

Chère Marthe

Le docteur a dit que jamais je ne me remettrai ici... On parle du Val de Grâce pour mi-février. J'irai où ils voudront m'envoyer. Il ne faut pas t'énerver et être philosophe.

Hôpital d'Hazebrouck *Le 23 janvier 1915*

Ma chérie

Je fais toujours des projets... Je crains d'être envoyé... à Nice, dans une maison de convalescence et j'en ai pour des mois!

Aujourd'hui je recommence à l'Etat-Major anglais. Mon capitaine va venir me chercher et je pars sur le front où se trouve ma brigade.

Hôpital d'Hazebrouck *Le 25 janvier 1915*

Chère Marthe

Hier à déjeuner chez Mme Deberdt l'ingénieur me dit alors :

«Alors Monsieur L, nous partons à Paris ensemble?»

Je crois que l'hôpital ne me vaut plus rien dit le docteur. Je ne garde rien de ce que je mange; je suis entouré de tuberculeux. Et puis toujours ce bruit de canon. Enfin les Boches veulent faire sauter la gare d'Hazebrouck et on s'attend à une attaque de zeppelins.

Je te quitte; on vient me chercher en auto en direction des Boches

Hôpital d'Hazebrouck *Le 26 janvier 1915*

Ma chère Marthe

En te quittant hier je suis parti avec les officiers anglais. En revenant, après avoir fait soixante kilomètres en auto découverte, avoir vu les régiments de la Brigade, avoir été invité à déjeuner par le général, avoir refusé, avoir déjeuné dans la villa de mon officier à quelques kilomètres du feu, madame Deberdt ne me reconnaissait plus : j'étais transformé.

Aller à Paris! Ce matin, le docteur, pour me faire enrager sans doute, m'a raconté que maintenant on ne pouvait plus évacuer sur Paris, mais, à son air, j'ai vu que c'était de la blague!

Aujourd'hui il y a grand orchestre : canons, bombes. je ne serais pas fâché de ne plus entendre ces bruits car il n'y a aucun courage à se faire bombarder dans un lit d'hôpital.

... Je pars jeudi ou vendredi car un ordre ministériel est arrivé ce matin disant de ne plus évacuer sur Paris après le 1er Février!

Le 29 janvier 1915 — 101e jour d'hôpital dimanche

Chère Marthe

On entend le canon très fort près d'ici. Les Anglais reculent «consciencieusement», les bombes tombent à Dunkerque. Les Boches bombardent un nouveau patelin en deçà d'Armentières Bref : tout ça est «moche».

Quant aux Zeppelins devant aller à Paris je crois que c'est de la blague, car le trajet est trop long.

Si je viens à Paris au moment de la naissance, je coucherai dans un fauteuil pour ne pas vous infecter avec mes plaies gangréneuses; c'est encore mieux que ce que j'aurai au dépôt de Vincennes : de la *paille, dehors!*

Hazebrouck *27 janvier 1915*

Le grand jour approche : le dernier tuyau! j'arriverai samedi... je ne peux me faire à cette idée!

Espérons ne pas être cueilli à la gare du Nord : madame Deberdt te le dira... Il faudrait que le médecin de la gare m'envoie au Grand Hôtel avec la recommandation du docteur Broca. Mais il me faudrait au Grand Hôtel un traitement électrique *urgent!*

Hôpital militaire
du Grand Hôtel - rue Scribe *Paris, lundi 8 février*

Nana chérie

Je voudrais que cette attente soit enfin terminée. Si c'est pour cette nuit, ce petit mot viendra t'apporter les remerciements de ton Bob après le premier sommeil qui suivra sans doute l'extrême fatigue de l'accouchement. Oui je te remercie de me donner encore un joli baby rose. Espérons qu'il aura l'intelligence de sa mère, son bon cœur... et ses beaux yeux!

Hôpital du Grand Hôtel *11 février 1915*

Merci de ton petit mot d'hier soir. Aujourd'hui je vais tout à fait bien et si je ne bouge pas dans ma gouttière, je ne souffre pas du tout.

Je viens de recevoir une longue lettre de Mme Deberdt.

Hier soir piqûre de morphine car j'ai beaucoup souffert, mais aujourd'hui cela va mieux...

Il faudra déclarer l'enfant Marie-Françoise ou Françoise-Marie, sur la demande de ma mère, si c'est une fille; ma mère désirerait qu'elle porte le nom de Marie en souvenir de la Sainte Vierge. D'ailleurs Jacqueline s'appelle déjà Marie.

Hôpital du Grand Hôtel *12 février 1915*

Il ne faut pas t'impatienter; plus la petite restera dans sa tanière, plus elle sera belle et solide.

J'ai encore eu une piqûre de morphine et un cachet de Véronal. Raby est parfait pour moi et mon infirmière est un amour : elle te téléphonera de chez elle... elle m'a avoué être Juive...

Hôpital du Grand Hôtel *12 février 1915*

Alors, c'est un garçon! Merci, merci, pour toutes les souffrances que t'a donné ce petit François et merci pour celles qu'il te donnera!

Hôpital du Grand Hôtel *13 février 1915*

Chère Nana

Je suis heureux d'apprendre que c'est un *beau petit*, et je t'en remercie beaucoup, beaucoup, beaucoup.

Bon courage; tu verras que d'ici peu de temps, je serai vaillant, que je pourrai aller te voir et embrasser François.

J'ai maugréé toute la soirée d'hier et toute la matinée car personne ne me donnait de détails, si tu avais souffert longtemps, si le gosse était gros, s'il ne lui manquait rien...

Hôpital du Grand Hôtel *14 février 1915*

Il y a aujourd'hui quatre mois que je suis blessé ! Enfin, n'y pensons pas. Et toi comment vas-tu ?

Peux-tu me faire parvenir mon album de dessin ? Celui qui est le mieux, où il y a cette légende : «Si tu trouves que ça représente les trente-deux dîners qu'il a pris à la maison !» Je vais demander à maman ou à la belle-mère (moyennant finances) un poulet froid. C'est l'usage ici. C'est à moi à en offrir un à mes voisins ; une dinde ou un foie gras ferait bien !

Je suis content d'avoir un fils ! Je voudrais bien pouvoir aller le voir ! Doit-on dire François ou Francis ?

Merci de m'écrire ainsi. Avant François je t'aimais bien... Mais il me semble que c'est encore plus. Et pourtant je pensais que davantage était impossible.

J'attends la poularde demain ; mais pourquoi une poularde de ce prix ! Quatre ou cinq francs auraient suffi !

Oh ! Figure toi que la petite infirmière qui remplace Melle Spitzer aujourd'hui est... du Mont St-Sulpice ; elle s'appelle Thierry. Nous avons bavardé ensemble. On a parlé de «Là-Bas» du «*Pays*». Quand y retournera-t-on !

Hôpital du Grand Hôtel *Le 19 février 1915*

Quatorze visites aujourd'hui ! C'est trop. Ces réceptions sont pénibles ; on n'a pas le temps de voir les petits. Et puis Mme L. ne collait pas avec G.S ; elle a pris un drôle de genre. Enfin Simone, habillée, ou plutôt déguisée en grue n'a certainement pas dû produire un effet épatant sur maman. Par contre, l'oncle Henry était tout allumé.

Aujourd'hui on m'a fait mon pansement. Toujours de l'infection, mais la plaie a changé de forme ; quand on enfonce le stylet, ça cogne contre l'os et celui-ci a toujours de l'ostéomyélite.

Quand je demande «quand je retournerai» ceux qui blaguent me disent «demain» et ceux qui ont l'air de parler sérieusement «jamais». Alors je me désole ! C'est que j'espère bien «y retourner» !

Mademoiselle Spitzler a dû te téléphoner pour te demander mes affaires de dessin. Cela ne presse pas, mais ici on voudrait bien me voir dessiner car on ne croit pas que les petits dessins rigolos sont de moi. Inutile de te dire que je n'ai montré que les mieux et les plus convenables !

Tout le monde me dit que François est une merveille ; je voudrais bien savoir. L'appelle-t-on François ou Francis ?

Hôpital du Grand Hôtel — Paris *le 16 février 1915*

Marthe chérie

Je suis bien content que le lait s'amène bien. Comme je voudrais te voir ! Malheureusement ils ne veulent pas me laisser me lever à cause de la plaie qui n'est pas fermée.

Ici rien de neuf. On opère toujours ! Tout le monde est en admiration devant Broca, même lui-même !

Ici c'est le dernier salon où l'on cause : on fume des cigares et boit du porto (à propos je n'en ai plus ; nounou pourrait-elle m'en apporter ?)

Quant à ma médaille militaire j'en fais presque mon deuil. Enfin j'ai commencé hier lundi une neuvaine à la petite Sœur Thérèse pour avoir cette médaille ! Serai-je exaucé et aurais-je le petit papier vert, document officiel de la médaille militaire !

Hôpital du Grand Hôtel *Le 17 février 1915*

Marthe chérie

La poularde était épatante ! On lui donne le coup de grâce ce matin ! Après, c'est fini ! Je m'arrangerai pour faire chercher quelque chose de tout cuit chez Potin car ici cela devient « juste » comme vous diriez en terme de cuisinière.

Broca m'a interviewé ce matin par ces mots : « Eh bien le sympathique L. ! »

Je pourrai me lever quand je ne souffrirai plus...

Salon, encore hier soir chez moi. Le porto est fusillé.

Hôpital du Grand Hôtel *Le 20 février 1915*

Ma chère Marthe

Je voudrais que nounou m'apporte
mon godet de rouge vermillon
mon pot de jaune de chrome
de vert veronèse
de vert foncé

Dès que le boy scout m'aura chercher l'encre de chine, je pourrai dessiner.

Je constate seulement que si nous sommes tous les deux couchés, toi, tu sais quand tu te lèveras, tandis que moi, pas!

Ce matin, Broca est venu se payer ma tête. Voilà tout.

Je crois que c'est toi qui viendras la première car j'en ai encore pour un bon bout de temps. On m'a dit que cela irait bien... en mai!

Hôpital du Grand Hôtel *23 février 1915*

Dearest Marthe

Aujourd'hui grand concert, nocturnes de Chopin, etc... Cela m'enchante mais convient moins bien au «commun des mortels» qui ne comprend pas.

Je vais de mieux en mieux et ne *souffre plus*.

J'avais fait toute une série de dessins hier et avant hier, et tout le monde en a pris. Hier soir, le lieutenant est venu me dire que tout le monde en avait, sauf lui. Aujourd'hui je m'exécute pour lui. Avec cela je n'ai pas écrit à Mme Deberdt qui m'écrit *tous les jours*.

Comment vas-tu? Il parait que le petit profite et est gentil comme un amour.

Je vais envoyer un faire-part de naissance à Broca. Peut-être me permettra-t-il de sortir!

Hôpital du Grand Hôtel *24 février 1915*

Chère Marthe

Figure-toi que c'est aujourd'hui que finit ma neuvaine, et, juste ce matin, on ma demandé des renseignements à fournir au sujet de ma Médaille militaire! Est-ce une lueur d'espérance? Je ne sais! En tous cas, j'ai plus confiance en l'intervention de Sœur Thérèse qu'en... l'armée anglaise!

Réception de nouveau hier soir : Dr Raby et l'officier à qui j'ai fait un dessin... orangeade de chez Boissier à défaut de porto!

Hôpital du Grand Hôtel *25 février 1915*

Chère Marthe

Broca a vu ma patte; il ne voit pas d'inconvénient à ce que je me lève. Par ce beau temps je voudrais tant prendre l'air et... Aller chez nous Boulevard Raspail! Cet après midi j'ai eu beaucoup de visites. On a dit des blagues avec la belle-mère; elle m'a invité à déjeuner... samedi! avec... rien que des hommes! Je lui ai dit que je préférais les femmes. Elle m'a répondu : «Oh! nous savons çà!»

Broca vient de passer. *Je sors samedi!* J'ai promis à ta mère un déjeuner; il est vrai que je préférerais rester près de toi!

En tout cas ma première visite sera pour toi après celle à Notre-Dame des Victoires!

6 mars 1915

Ma chérie

Demande à ton médecin quand je pourrai te voir!

Je suis sorti plusieurs fois de l'hôpital, me suis assis à un café voir passer les gens!

J'ai revu des amis, l'un blague, l'autre sourit et Maxim's est toujours bondé de gens connus. Je rentre le soir à l'hôpital.

Ma jambe va très bien; enfin! j'espère repartir au front le 1er juin.

Chapitre 7

C'était hier...

Je viens de replier la dernière lettre dans son enveloppe ; cette correspondance, je l'ai découverte avec vous, soixante quatorze ans plus tard. Les dates d'août, septembre 1988 pourraient mettre leurs pas dans celles de 1914. Il devait y avoir la même lumière, la même chaleur, les mêmes senteurs, et de ma fenêtre je vois les mêmes peupliers, la même courbe de la route, la même masse sombre des bois. Ces lettres sont vivantes.

C'est un voyage dans le temps qui vous dépayse ; voilà que j'emploie une expression réservée à l'espace ; mais il n'y en a pas d'autres...

Blasés par une terre devenue trop étroite nous recherchons maintenant l'ailleurs dans le temps. Le passé a été fouillé, manipulé même et on essaye de trouver des sensations inédites dans l'avenir.

Le livre de Georges Orwell, «1984» écrit il y a plus de trente ans a donné à des mordus de la plume l'idée de lancer leur imagination à la conquête du troisième millénaire, les uns y voyant une exaspération de ce que nous connaissons déjà, d'autres essayant un effet de surprise par un retour en arrière vers la lenteur et l'inconfort.

Ce sont des essais très romancés mais certaines tentatives sont plus sérieuses lorsqu'on essaye de soulever le rideau de l'avenir; elles sont l'œuvre de prospectivistes — en toute simplicité — Ils essayent d'intégrer à leurs analyses, l'histoire, employant des méthodes qui se rapprochent des méthodes scientifiques. Ramsès III... (ne souriez pas : il s'agit du Rapport Annuel Mondial sur le Système Economique et les Stratégies) nous fournirait la ligne d'évolution des quinze prochaines années.

Mais peut-on s'en rapporter à une *logique* lorsqu'il s'agit de la conduite du monde : Qui aurait pu imaginer «dans les années trente» qu'une seconde Guerre mondiale entraînerait peu après le grand streap tease européen de la décolonisation; qui aurait pu soupçonner qu'après le formidable essor économique de l'après guerre notre bassin Lorrain, et la ruche travailleuse de notre Nord deviendraient de «mornes plaines» aux cheminées éteintes et que tous les regards admiratifs se porteraient sur une certaine «silicone valley» ? Pensiez-vous que la guerre du Kippur transformerait — on ne sait comment — le vulgaire fuel en or noir, qu'on créerait le mot assez cocasse de pétro-dollar?

Où est la logique quand vous vous attristez sur notre démographie en récession et que d'autre part les jeunes arrivent en si grand nombre que ni les écoles ni les entreprises ne peuvent les absorber! Alors ces jeunes ne se font tout de même qu'à partir d'enfants que je sache!

Qui aurait pu prévoir l'incroyable essor des Japonais, les vaincus de la deuxième guerre? Dans un pays surpeuplé, à main d'œuvre surabondante c'est la robotisation qui a fait leurs succès, et en ces temps de nivellement social, ils ont pratiqué... l'élitisme!

Dans ma jeunesse les points chauds, ceux qui sentaient le souffre étaient les *Balkans* — terme dépassé lui aussi — et on cueillait des roses à Ispahan. La poudrière de service est encore, bien que la paix soit à l'horizon, aujourd'hui le Moyen-Orient, mais demain, qui peut le prévoir? L'Amérique latine? La topographie de gros pachyderme calme de l'Afrique ne devrait pas nous rassurer. Il fait plus que s'énerver. Déjà après nous avoir accusés de coloniser, on nous en veut maintenant d'avoir décolonisé!

Au moment de l'invasion allemande en mai quarante une prédiction — est-ce Nostradamus? — disait que nous serions sauvés par un homme qui porterait le nom du pays et nous avons cherché un patronyme qui tournerait autour du mot France, ou De france, ou Lefranc... et trente ans plus tard encore le mot Gaullisme qui survécut au grand homme, ce général, peu commun, est encore un témoignage de plus du rôle immense qu'il a joué pour ses compatriotes.

Nous sommes, devant le futur, des apprentis sorciers et le fameux Ramsès ne peut nous rassurer ou nous conduire qu'intellectuellement...

C'est très euphorisant tout de même... de jouer avec le temps, notre maître, d'essayer de l'amadouer.

Maintenant, c'est plus grave et plus vrai; revenons au passé.

Ces lettres, je les ai lues avec vous, comme un roman, avide de la «suite», de ce qui va arriver : le blessé guérira-t-il, l'enfant sera-t-il un fils? Si bouleversée, moi aussi, par ce contrepoint de la mort et de la vie, comme s'il ne s'agissait pas seulement de mon père et de mon frère.

Bien des expressions m'ont fait sourire : le terme aéroplane... par exemple. Et puis ces zeppelins qui n'ont pas la possibilité de voler de Lille à Paris. L'ingénieur du Nord, compagnie privée des chemins de fer, n'avait pas de voiture mais disposait pour ses besoins personnels d'une locomotive et d'un wagon de première.

On ne recevait aucune nouvelle du Front si ce n'est par des journaux qui avaient nom «le Cri de Paris» ou «le Miroir».

La politique n'avait pas envahi tous les foyers comme l'eau qui sort d'un tonneau percé, le tonneau étant le poste de radio ou l'appareil de télévision. On vivait sa vie, et quelle vie! en ces années que nous qualifions d'historiques — à l'échelle de l'endroit où l'on se trouvait.

L'avenir, que nous connaissons maintenant, était fermé comme par un voile noir. 1915? Année de la victoire? Allons-nous reculer? Allons-nous gagner? En ces temps où il y avait encore des vainqueurs et des vaincus,..

On payait avec de l'or... ou de la monnaie... aurait-on pu imaginer que le dollar ferait un jour dans l'économie mondiale la pluie et le beau temps! et surtout la tempête!

Je suis fascinée par cette résurrection d'un temps qui a la couleur du présent; je me détache tout à fait d'aujourd'hui; je suis dans l'hôpital du collège St-Jacques à Hazebrouck où il fait si froid, où l'on met de méchants poêles au pied des lits mais où l'entraide et la générosité ne faiblit pas. Cette infirmière major qui a sûrement aujourd'hui, elle aussi, basculé dans la mort, grâce à ces lettres, est là, présente, réconfortante et j'imagine la salle à manger provinciale, la bonne cuisine flamande et ces déjeuners où mon père prétendait aller «comme un chien qu'on fouette» parce qu'il était malade et malheureux!

Pourquoi suis-je si sensible à ces récits de guerre ? Peut-être parce que deux guerres mondiales me furent offertes « en prime » comme dit Michel Robida. La première, dans ma toute petite enfance, si bien qu'elle ne m'est parvenue que par bouffées et que je n'ai pas tout très bien compris. L'autre.. j'aurai préféré ne pas comprendre !

C'était la guerre de 1914 mais j'étais heureuse parce que i'étais une enfant ; je ne croyais pas que la guerre était un temps d'exception et je n'étais pas loin de penser que tous les papas avaient des béquilles.

Des inconnus liront-ils ces lettres ? Qu'y trouveront-ils ? Ne vont-ils pas les transformer, la mutation des temps donnant un éclairage différent ? C'est vrai : quelques doses d'antibiotiques, un sérum antiténanique, et... il n'y aurait plus de lettres de l'hôpital d'Hazebrouck.

Ces missives, lues pour la première fois, deviennent déjà des souvenirs alors que je ne savais rien de tout cela, ou si peu de choses ; je me souviens seulement d'une marche à pied du Boulevard Raspail par les Tuileries à l'hôpital du Grand Hôtel... mais ce souvenir flotte dans le temps, sans être rattaché à d'autres événements.

Mais plus longue encore était la distance entre Hazebrouck et la gare du Nord ; mon père a-t-il vraiment été dans ce wagon particulier — de 1re classe — entre la Flandre et Paris ?

Cela paraît si simple aujourd'hui !

La guerre de 1914 c'est un mot... la première guerre mondiale ! on n'écoute plus ce qu'on prononce car les termes usés ne recouvrent plus ce qu'ils devraient montrer à l'attention. La guerre de 40, la guerre d'Indochine, la guerre d' Algérie... et toutes les autres... masquent cette horrible boucherie du début du siècle. J'ai voulu, en relisant avec vous ces lettres, lui donner son poids de souffrance, porté différemment selon les personnalités, et c'est ce qui en fait, je crois la valeur ; mais on retrouve partout le dénominateur commun d'un patriotisme qui ira même jusqu'à l'héroïsme quand les circonstances l'exigeront.

Partout, c'est, tout d'abord, la consternation et la haine implacable pour l'envahisseur. Une haine qui semble le moteur de tous les comportements. Raymond Aron cet amoureux de la pensée, réfléchit et se demande si les peuples se sont battus jusqu'à la mort parce qu'ils se détestaient ou se sont détestés parce qu'ils se battaient furieusement. Cette haine ne s'éteindra pas, même de longues années après l'armistice.

Vers les années 30 on ira en Allemagne pour des raisons touristiques ou culturelles sur la pointe des pieds; on s'excusera de recevoir des amis allemands.

Giraudoux sera très prudent lorsqu'il écrira Siegfried pour une scène française; quant à Raymond Aron, assistant à l'Université de Cologne dans les années 32, il ne goûte, gourmand, que du bout des lèvres cette culture germanique qui aurait tout pour l'enchanter.

Mais ces lettres sont là, elles nous disent que c'est aujourd'hui que la guerre vient d'être déclarée, et nous aussi sommes désemparés; nous sommes dans le «tous les jours» de la guerre qui commence et dont nous ne savons rien. Il fallait vivre sans se douter, heureusement, qu'on vivait la fin d'un monde, la fin d'une certaine Europe, la fin d'une civilisation. Le lecteur aujourd'hui est prêt à s'étonner des petites préoccupations quotidiennes qui émaillent cette correspondance, alors que tout est en jeu. Mais voilà. On ne savait pas que tout se jouait, si tant est qu'on puisse employer ce mot lorsqu'il s'agit d'affaires si graves.

Beaucoup de livres ont été écrits relatant admirablement cette sinistre période. Je pense à «ceux de 14» de Maurice Genevoix qui, jusqu'à un âge avancé n'a pu oublier, et à cette admirable œuvre de Duhamel où l'on entend les hurlements de douleur des blessés, livre qu'il a intitulé, car il voulait que le paradoxe frappe : «civilisation».

Je n'ai pas choisi d'évoquer cette période, mais ce sont ces lettres qui m'ont choisie, elles savaient que je suis bien plus sensible aux voyages dans le temps qu'aux voyages dans l'espace. Relire ces lettres, ce n'est pas faire du tourisme comme dans un livre d'histoire; c'est vivre soi-même «la vie des habitants»; pas les grands, pas ceux indiqués par le syndicat d'initiative de l'histoire, mais celle d'une famille avec ses mobilisés, ses blessés, ses morts et tout de même cette confiance inébranlable dans un pays qu'elle aime d'amour.

C'était presque simple; on ne parlait ni de décadence, ni de mutation; et la lutte des classes à ce moment là s'était tue; on n'imaginait même pas que ces questions se poseraient dans des temps qui ne seraient même pas très éloignés. A ce moment là, on a vu l'effondrement des propagandes politiques, notamment des appels «contre la guerre» lancés par les socialistes et Jouhaux dira aux obsèques de Jaurès : «Ceux qui partent seront poussés sur les champs de bataille par la haine de l'impérialisme allemand.» Les Français étaient rassemblés.

On dit de certains romans, voulant faire revivre le passé, qu'ils ont «mal vieilli». Les lettres ne vieillissent jamais puisqu'elles sont le présent, débordantes de vie.

Les «coucous» qui s'élevaient dans le ciel, on les voit; c'est le pilote qui faisait la valeur du couple : homme-avion, et nous sourions aujourd'hui où Reagan parle de «la guerre des étoiles» depuis qu'un missile tiré depuis une île du Pacifique a frappé hors de l'atmosphère une ogive inerte; aujourd'hui on emploie le terme de guerre spatiale, d'armes de l'espace... et puis il y a même aussi «les armes dites intelligentes», celles du IIIe millénaire, précises, performantes destinées à renforcer la défense conventionnelle...

Espérons toutefois en cette rencontre à Washington, le 7 décembre dernier, entre Reagan et Gorbatchev. Les Européens n'ont voulu retenir qu'un arrangement sur la destruction des Euromissiles. Le maître du Kremlin marquait ainsi sa volonté de participer au règlement des «problèmes régionaux» qui menaçaient la paix dans le Monde. La fin prochaine de la guerre entre l'Iran et l'Irak annonce-t-elle une nouvelle stratégie pour les années qui viennent.

Certes, il n'y a plus de place ni pour l'exaltation d'un Jacques d'Arnoux, ni pour le pied de François de Marnier!

1914 sera, unique, inviolable, «impollué» par 1940, et c'est cette authenticité qui nous émeut en lisant ces lettres; un temps révolu, mais criant de vérité comme un aujourd'hui qu'aujourd'hui ne vient pas ternir.

Thibaudet compare la guerre de 1914 et celle... du Péloponèse. Bien sûr; il fait campagne avec... Thucydide. «Cette analogie des deux guerres paraitra au lecteur artificielle, car la vie sociale, la vie politique n'étaient pas les mêmes dans l'ancienne Grèce et la France du début du siècle : mais, et j'insiste, la valeur suprême, dans ces deux guerres, demeure la même : c'est l'homme.

Dans la guerre du Péloponèse se lève ce type parfait et plein, l'hoplite, l'homme pesamment armé qui ramasse solidement sur lui toute la substance de la Cité, qui transporte là où il se bat un fragment authentique de sa muraille.

«Nous aussi, dans notre Guerre, dit Thibaudet, avons vu de ce côté de la frontière le *poilu* français, le mur vivant de l'Yser et de Verdun...» Le poilu, c'était un homme, comme s'il était unique... Mais maintenant ce n'est plus seulement la puissance du matériel qui lui enlève sa valeur mais aussi *lui-même* répété à des milliers d'exemplaires : ce sont les redoutables «spetnaz», les forces spéciales soviétiques. Ces hommes sont devenus par leur nombre, leur uniformité, leur obédience, des robots, des machines, des objets... Trente mille hommes et deux mille femmes sont les pièces de cette redoutable machine, sans foi ni loi comme un engin; on l'a vu en Afghanistan où, dans la nuit du 27 décembre 1979 une équipe de tueurs accompagnée des fameux Spetsnaz sous la conduite, mais oui, d'un colonel, assassina à Kaboul, au 1er étage du Palais le président Afghan. Ni dans le ciel, ni sur mer; le «champ d'honneur»... était un salon et la guerre ressemblait à un crime...

Mais là aussi cependant, on peut avoir un espoir. Les troupes soviétiques se retirent d'Afghanistan.

Ma réflexion revient toutefois sur ce mot «héroïsme», un peu désuet. De quoi s'agit-il, en effet : d'un dépassement de soi-même pour une cause, d'un oubli total de son confort, de ses habitudes, de sa vie même, pour quelque chose ou quelqu'un qui n'est pas vous-même. Ce terme était employé par les Grecs pour celui qui n'appartenait plus à un ego humain et qui participait à la divinité.

Alors je veux tout de même faire amende honorable et ne pas nier d'emblée tout héros aujourd'hui en le rangeant dans des oubliettes.

Il y a d'abord tous ceux que nous ignorons et qui au mépris d'eux-mêmes ne pensent qu'à aller vers les autres que ce soit d'une façon obscure ou même avec une étiquette. Je pense aux médecins sans frontière par exemple.

Il y a les autres : ceux qui savent que la Science peut être un Minotaure, dévoreuse de jeunesse et que le mur du son a été franchi une première, une deuxième fois et peut être même, malgré tout le confort d'une technique rassurante, non dans un fracas de tonnerre comme nous l'entendons aujourd'hui avec, à terre, cette accoutumance de l'habitude, mais sans doute, au début, dans un fracas qui aboutissait à la mort.

Les Soviétiques dans leurs essais d'exploitation de la stratosphère ont gommé les échecs. Mais imaginons le courage de ces hommes qui montaient dans la fusée, peut-être sans espoir de retour, et, surtout, en cas d'échec pour quelle mort!

Ils l'ont fait au nom de la science qui peut sembler être une abstraction; mais Louis Armand nous disait que la science peut être considérée comme une armée — nous y revenons — à la conquête de l'inconnu. Ses «bataillons» avancent sur un front toujours plus vaste : chaque année qui passe voit augmenter la surface des «territoires» soumis à ses lois; c'est la conquête du non compréhensible par le compris.

Mais la fille aînée de la science est la technique et c'est le destin de l'humanité qui est en jeu maintenant. Quelle grande cause pour ceux qui attendent dans les coulisses de l'arène! même si leur «héroïsme» ne demande pas seulement un vouloir individuel mais un consensus d'équipe.

Et la machine — si perfectionnée soit-elle — a besoin de l'homme, de son courage, de sa force morale; certains cosmonautes dans leur univers étroit d'apesanteur ne se munissaient-ils pas de la Bible?

Et puis j'y reviens, et je ne rougis pas : si au XIXe siècle la science était un terrain privilégié de collaboration internationale, elle n'était pas un objet de compétition entre les nations. Aujourd'hui avec la bombe atomique, la course à la lune, la science est devenue une affaire de défense nationale... Alors.., les héros?

Tant qu'il y aura des hommes! et que ces hommes auront une volonté, des désirs! Armand nous dit : un robot peut aller sur la lune mais aucun d'eux n'aura, comme nous, le courage ou l'envie d'y aller».

Tout ce courage, pendant ces quatre années de guerre cette somme énorme de courage, lui rend-on encore hommage?

La Guerre de 1914 est devenue «de l'histoire», allégée de son poids de souffrance; puisque l'image est reine aujourd'hui, que «voit-on?» De vieilles actualités; les poilus marchent d'un bon pas, les deux pans de la capote relevés, d'un pas qu'on pourrait imaginer être un pas d'allégresse, tant la cadence est rapide. Détrompez-vous. Ce n'est pas l'allégresse qui commande la cadence mais les balbutiements d'un cinéma qui photographie l'image mais pas le temps.

Que «voit-on» ? Les monuments aux morts sur les places de village; La plupart reproduisent des groupes d'un romantisme déconcertant. Voilà le poilu qui s'avance une grenade à la main; il a l'air de vous tendre un fruit. En voulez-vous oui ou non? Je ne dirai rien de ceux qui étreignent la victoire comme une femme.

Non. Dites-le aux générations qui viennent : c'était la boue, le froid, le sang, la vermine, la dysenterie et la peur...

Il ne s'agit pas de «juger» la guerre comme l'a fait Alain; mais il avait le droit de juger, car il avait payé. Alain affirmait que certains chefs trouvent dans le commandement une compensation aux périls et aux duretés du combat... Il ne s'agit pas non plus de connaître avant le déclenchement de l'Apocalypse de 1914 les responsabilités de l'Allemagne ou de la France estimées différemment selon la couleur politique de celui qui jugeait; il s'agit de voir ces hommes comme Jacques d'Arnoux, mon père et tous les autres, face au destin qui leur était proposé et non qu'ils avaient choisi; certes ils devaient penser avec Hérodote : «Nul homme sensé ne peut préférer la guerre à la paix puisqu'à la guerre ce sont les pères qui enterrent leurs fils, alors qu'en temps de paix, ce sont les fils qui enterrent leurs pères» mais ils étaient là à l'heure où il ne s'agissait pas de penser mais de faire.

Le 25 janvier 1920, les anciens élèves de Ste-Croix de Neuilly et leurs maîtres se réunissent pour la première fois depuis la guerre.

Montherlant prend la parole :

Monsieur le Supérieur
Messieurs
Chers Camarades

«Si je ferme les yeux et que je me représente une classe de philosophie en 1912, voici ce que je vois :

Au premier banc : Bernard Audollent, mort; Marc de Montjou, mort; Henri Faure, mort; Louis Roblin.

Au deuxième banc : André Laboureur, mort; Henri Macke, mort, Pierre Geay.

Au troisième banc : Marcel Villé, mort; celui qui vous parle; Henri Boudet, mort.

Je ne dénature rien. Des dix garçons de cette classe, sept sont morts. Des trois survivants, deux ne survivent que parce qu'ils n'ont pas fait la guerre.

De ceux qui sont partis je suis le seul qui soit revenu, on ne m'a pas choisi, par honneur, pour parler au nom de mes camarades d'alors. On a pris le seul qui reste...

Les histoires du temps qui passent... ont été souvent tristes, quelquefois cocasses c'est le mélange qui fait la vie. Au hasard des nouvelles, des correspondances elles nous ont menés un peu partout, de toutes façons hors de nous-mêmes.

Fermez le livre. La vie va vous reprendre, lecteur, et, cette fois-ci ce sera la vôtre, mais peut-être la regarderez-vous un peu autrement, enrichi par toutes ces destinées, appuyées elles aussi sur le temps.

Appendice

Appendice 1

DOCUMENTS

Référence de la 1re armée n° 7130 en date du 16 novembre 1917. Les circonstances dans lesquelles le maréchal des Logis L. Jean Robert fut blessé sont les suivantes :

«Vers deux heures du matin, le 14 octobre 1914, je remplissais une mission dans une automobile anglaise le long de la route Bailleul, allant dans la direction de Bailleul. Le défunt chauffeur Fitch conduisait l'auto et le Maréchal des Logis L. était assis à côté de lui. J'étais assis derrière.

On nous avait prévenus que nous étions en lignes ennemies. Nous allions à petite allure avec une seule lanterne allumée et les phares éteints.

On nous tira dessus. Une balle troua le centre du panneau de la porte; la balle troua la jambe droite du Maréchal des Logis L. juste au dessous du mollet, et, continuant sa course, fracassa les deux jambes du chauffeur Fitch.

Appendice 2

Je sursautai, et, me penchant en avant arrivai à brève distance à arrêter l'auto.

A ce moment, le chauffeur Fitch (qui mourut des suites de sa blessure), s'évanouit. Le Maréchal des Logis L., quoique en pleine connaissance souffrait d'une terrible blessure et se trouvait dans l'impossibilité de remuer.

Le Maréchal des Logis L. est d'une haute taille. Je ne pouvais le descendre, sans aide. Je fus quelque temps sans pouvoir obtenir aucun secours; mais je trouvai soudain un poste anglais et avec l'aide d'un infirmier et d'un homme, je pus retirer de la voiture Mr L. et le chauffeur Ficht. Tandis que je cherchais les premiers secours, on nous tira encore dessus.

Pendant ce temps la conduite du maréchal des Logis L. fut des plus braves. Il refusa de se laisser panser avant que nous ayions mis le chauffeur Ficht en lieu sûr.

Ceci je l'affirme.

Nous pûmes, par hasard, transporter les deux hommes dans une civière à cochon, jusqu'à une chaumière proche, mais il se passa beaucoup de temps avant de pouvoir ramener aucun secours médical.

A l'aube le Marécnal des Logis L. fut transporté dans une ambulance anglaise à Hazebrouck, puis le jour suivant à l'hôpital français de la même ville où il resta plusieurs mois dans une situation désespérée.

Signé Ch. Gill
Commandant D.A.G.M.G.

Nice le 23 novembre 1917

Mission militaire française attachée à l'armée britannique.

Le colonel de Bellaigue de Bughas, chef de la mission Militaire Française attachée à l'armée Britannique cite à l'ordre de Mission

L. Jean Robert

interprète au 19e escadron — n° matricule 379

«Excellent sous officier interprète. Blessé grièvement le 14 octobre 1914 à Metren (Nord) a fait preuve de courage et d'abnégation en refusant de se laisser soigner avant un de ses camarades mortellement atteint. Est resté hospitalisé dix sept mois. Réintégré à la mission, a dû, à cause de son état de santé être renvoyé dans ses foyers».

Signé : Colonel de Bellaigue de Bughas.